Bark GORCK FOCK 1958 bei Blohm + Voss vom Stapel gelaufen und als Segelschulschiff der Bundesmarine in Dienst gestellt

Blohm + Voss

FÜNFZIG JAHRE SEGELSCHULSCHIFF

GORCH FOCK

Herausgegeben im Auftrag des
Deutschen Marine Instituts

Heinrich Walle

FÜNFZIG JAHRE SEGELSCHULSCHIFF
GORCH FOCK

Koehlers Verlagsgesellschaft mbH
Hamburg

Bildnachweis
Wir danken folgenden Sammlungen:

Slg. DMI	Sammlung Deutsches Marine Institut
BMVg	Bundesministerium der Verteidigung
PIZ Marine	Presse und Informationszentrum der Marine
WGAZ MSM	Wehrgeschichtliches Ausbildungszentrum der Marineschule Mürwik

Schutzumschlag
Das Titelbild stammt von stockmaritime.com
Kieler Woche 1998, Heinrich Hecht

Ein Gesamtverzeichnis der lieferbaren Titel der Verlagsgruppe Koehler/Mittler schicken wir Ihnen gerne zu. Senden Sie eine E-Mail mit Ihrer Adresse an: vertrieb@koehler-mittler.de
Sie finden uns auch im Internet unter: www.koehler-mittler.de

Bibliografische Information der Deutschen Nationalbibliothek
Die Deutsche Nationalbibliothek verzeichnet diese Publikation in der Deutschen Nationalbibliografie; detaillierte bibliografische Daten sind im Internet über http://dnb.d-nb.de abrufbar.

ISBN 978-3-7822-0980-9

Layout und Produktion: Inge Mellenthin
Druck und Bindung: DZA Druckerei zu Altenburg GmbH, Altenburg
Printed in Germany

Inhalt

Die Galionsfigur der Gorch Fock ist ein Albatros.
Sie wurde 1958 von dem Bildhauer und Maler Dr. Heinrich Andreas Schroeteler als eine Plastik aus Teakholz mit Blattgoldüberzug geschaffen. In schwerem Seegang machte sich das Original »selbstständig« und musste durch eine Nachbildung aus Kunststoff ersetzt werden.

*Gouache des Marinemalers Olaf Rahardt,
Marktstraße 1, 07407 Rudolstadt, aus dem Jahr 2006*

Grußwort

Schleswig-Holsteinischer Landtag

50 Jahre Gorch Fock – dahinter steht ein halbes Jahrhundert Fahrenszeit unter Segeln mit zigtausenden von Seemeilen auf allen Weltmeeren. Untrennbar damit verknüpft ist eine traditionelle und zugleich zeitlos moderne Seemannschaft, die alle auf dem Segelschulschiff der Marine ausgebildeten Crews erfahren haben. Gelebte Traditionen und modernste Segel- und Navigationstechnologie müssen sich im ständigen Ringen mit Wind und Wellen, bei leichtem und schwerem Seegang bewähren. Um die Gorch Fock ranken sich die Geschichten vieler Generationen von Marinesoldatinnen und -soldaten. Wie weit die Gorch Fock auch selbst bereits ein Teil unserer Geschichte geworden ist, mag man daraus ersehen, dass der Windjammer über vier Jahrzehnte als Hauptmotiv die Rückseite des 10-Mark-Scheines der D-Mark zierte.

Das Schulschiff der deutschen Marine symbolisiert als diplomatisches Aushängeschild und Botschafter Deutschlands auf einzigartige Weise die Weltoffenheit unseres Landes, wenn es mit seiner Mannschaft – auf langen Törns und oft unter vollen Segeln – die Häfen vieler Länder rund um den Globus ansteuert. Doch trotz allen internationalen, maritimen Flairs: Einzigartige Bande pflegt die Gorch Fock mit dem Lande ihres Heimathafens Kiel. Seit nunmehr 26 Jahren besteht eine Patenschaft zum Schleswig-Holsteinischen Landtag. Es ist eine lebendige und intensive Bindung, die durch viele Begegnungen, Besuche, gemeinsame Veranstaltungen und Projekte zu einem tiefem, freundschaftlichen Vertrauen und zu gegenseitiger Achtung geführt hat. Der am Landeshaus abgelegte alte Stockanker der Gorch Fock verkörpert im besten Sinne die Sturmfestigkeit und Unverrückbarkeit dieser Patenschaft.

Die Besatzung der Dreimastbark Gorch Fock und die Abgeordneten des Landtages haben überdies manches gemeinsam: Sie segeln während ihrer Arbeit manchmal hart am Wind und müssen gelegentlich den einen oder anderen Sturm abwettern, wenn sie den Kurs neu abgesteckt haben. Dies klappt immer dann gut, wenn Parlament und Fraktionen trotz konkurrierender Ansichten, wenn Schiff und Mannschaft als Einheit gut funktionieren.

Mit dem jetzt zum Jubiläum vorgelegten Buch »50 Jahre Segelschulschiff Gorch Fock« wird im Wandel von fünf Jahrzehnten die erfolgreiche praktische und theoretische Ausbildung junger Menschen auf einem ganz besonderen Schiff eindrucksvoll und anschaulich dokumentiert.

Ich wünsche der Gorch Fock und ihrer Crew auf all ihren weiteren Törns allzeit gute Fahrt, stets eine Handbreit Wasser unter dem Kiel und immer eine glückliche Heimkehr in den heimatlichen Hafen unserer Landeshauptstadt.

Martin Kayenburg, Landtagspräsident

Vorwort

Deutsches Marine Instituts

Unter der Thematik »Von den Frachtseglern zum Segelschulschiff GORCH FOCK, fünf Jahrzehnte erfolgreiche Ausbildung maritimer Praxis« fand am 20. Juni 2008 im Landeshaus zu Kiel ein vom Deutschen Marine Institut ausgerichtetes Symposium statt. Der vorliegende Band enthält sozusagen als vorweggenommener Tagungsband die Beiträge dieser im Domizil des Landtages von Schleswig-Holstein durchgeführten Tagung. Damit ist die vorliegende Dokumentation keine chronologisch gegliederte Geschichte des seit fünfzig Jahren in Kiel beheimateten Segelschulschiffes unserer Marine. Alle Beiträge beschäftigen sich mit Herkunft, Entwicklung, Wirkung und Erfahrungen des Segelschulschiffes als vielseitiges maritimes Ausbildungssystem, wobei auch darüber nachgedacht wurde, wie heute der Wind als die wohl umweltfreundlichste Energie zum Antrieb von Handelsschiffen wieder nutzbar zu machen ist.

Unser Segelschulschiff hat sich seit fünf Jahrzehnten mit großem Erfolg als ein ungemein vielseitiges, aber auch faszinierendes Ausbildungssystem für seemännische Praxis, Charakterschulung, Erziehung zu Teamgeist und dann vor allem auch als Repräsentant unseres Landes in aller Welt bewährt. Das bekunden aus verschiedenen Blickwinkeln der Inspekteur der Marine, Vizeadmiral Wolfgang E. Nolting, der Kommandeur der Marineschule Mürwik, Flottillenadmiral Jürgen Mannhardt, und der derzeitige Kommandant des Segelschulschiffes, Kapitän zur See Norbert Schatz. Der Band wird eingeleitet mit einem Überblick, den Kapitän zur See d.R. Professor Dr. Uwe Jenisch vermittelt, indem er das Segelschulschiff ausgehend von seinem Heimathafen Kiel als Sympathieträger für die Seeinteressen unseres Landes interpretiert. Fregattenkapitän a.D. Dr. Heinrich Walle erläutert die Entstehung des Segelschulschiffes als Ausbildungssystem von dem Höhepunkt der Entwicklung des rahgetakelten Frachtseglers ausgehend bis zu Konzeption und Bau der GORCH FOCK vor fünfzig Jahren. Kapitän zur See a.D. Erhard Rosenkranz hat als Chefredakteur des MARINEFORUM Kapitän zur See a.D. Immo von Schnurbein interviewt, der als Kommandant die GORCH FOCK und als Kapitän zivile Segelschiffe geführt hat und hier seine Erfahrungen mit dem Ausbildungssystem Segelschulschiff im zivilen Bereich mitteilt. Diplom-Ingenieur Wolfgang Bohlayer stellt die gegenwärtigen Versuche der Schiffbauindustrie dar, erneut den Wind als Antriebsenergie nutzbar zu machen. Die vorliegende Dokumentation wurde bewusst als Bildband gestaltet, damit der Leser sich die Textbeiträge auch bildlich vor Augen führen kann. Schwerpunkt sind hier selbstverständlich Bilder aus der fünfzigjährigen Fahrenszeit der Gorch Fock, wobei das Schiff und vor allem seine Besatzung im Mittelpunkt stehen. Auch hier wurde nicht direkt chronologisch vorgegangen, sondern gleich gebliebene Motive nach Themenschwerpunkten gegliedert, so dass man nur an der sich veränderten Ausrüstung oder dem Anzug die zeitlich bedingten Veränderungen sieht.

Dennoch durch die Angabe der technischen Daten, einem Belegplan für die 144 Enden der Takelage und Takel-, Decks- und Linienrissen wird auch das Schiff selbst eingehend dokumentiert. Eine Zusammenstellung aller seit 1958 durchgeführten Reisen sowie Porträts der bisher 12 Kommandanten beschließen den Band.

Mein Dank gilt hier besonders dem Präsidenten des Schleswig-Holsteinischen Landtages, Herrn Martin Kayenburg, und seinen Vorgängern, die die Patenschaft des Landtages mit ihrer Gorch Fock bis heute mit Leben erfüllt haben und sie auch in Zukunft lebendig halten werden.

Ich danke den Autoren, die mit großem Engagement und Sachkenntnis wertvolle Beiträge vorgelegt haben.

Mein Dank gilt auch Fregattenkapitän a.D. Dr. Heinrich Walle, auf dessen Initiative das Symposium geplant wurde und der diesen Band konzipiert und gestaltet hat. Nicht zu vergessen ist auch Oberstabsbootsmann a.D. Peter Zeggel, der das Bildmaterial elektronisch aufbereitet hat.

Bonn, im Mai 2008

Lutz Feldt,
Vizeadmiral a.D. und Präsident Deutsches Marine Institut

Grußwort

ThyssenKrupp Marine Systems

Es ist höchst selten, dass Schiffe schon in ihrer aktiven Dienstzeit zur Legende werden. Eines davon ist die GORCH FOCK, das von Blohm + Voss für die Deutsche Marine gebaute Segelschulschiff. Auch deshalb sei aus Anlass des 50. Dienstjubiläums dieses außergewöhnlichen Schiffes ein kurzer Blick zurück angebracht.

Für Blohm + Voss war der Auftrag zum Bau der GORCH FOCK in doppelter Hinsicht eine ganz besondere Herausforderung. Die weitaus größere von beiden war eher mentaler Art. Sich ihr zu stellen, hat allen Beteiligten damals eine Menge Überwindung gekostet. Denn angesichts der Anfeindungen, denen sich das Unternehmen und seine damaligen Eigentümer nach Ende des Zweiten Weltkriegs ausgesetzt sahen, sollten auf der Werft niemals wieder Schiffe für die Marine gebaut werden. Die Entscheidung, sich dennoch dem Wunsch der neuen Deutschen Marine nicht zu verschließen, ist denn auch erst nach langem internen Ringen gefallen. Eine entscheidende Rolle spielte dabei, mit dem Bau auch einen Beitrag zur Stärkung der Demokratie und zur Festigung des noch jungen deutschen Staates leisten zu können.

Die zweite große Herausforderung war die vom Auftraggeber verlangte extrem kurze Bauzeit. Das jedoch betrachtete man als weit weniger dramatisch. Denn das neue Segelschulschiff sollte weitgehend den vier bewährten Vorbauten aus den 1930er-Jahren gleichen. Drei von ihnen sind heute noch im Dienst. Der Urahn der Serie, die erste GORCH FOCK, liegt jetzt als liebevoll gepflegter Veteran in Stralsund. Die kurze Bauzeit wurde daher akzeptiert und der Neubau tatsächlich nur 181 Tage nach seiner Kiellegung zu Wasser gelassen. 91 Tage später konnte die Marine ihr neues Segelschulschiff übernehmen.

Unvergessen ist den Zeitzeugen die Begeisterung der Menschen, die in Scharen den reibungslosen Stapellauf der neuen, zweiten GORCH FOCK verfolgten. Und ebenfalls noch gut in Erinnerung sind die Worte, die der erste Inspekteur der Bundesmarine, Vizeadmiral Friedrich Ruge, dem Schiff dabei mit auf seinen Weg gab. Die jungen Offiziere der Marine sollten lernen, Menschen zu führen, Waffen zu bedienen und Schiffe zu handhaben, sagte er in seiner Ansprache. Die Ausbildung auf einem Segelschiff und die dabei vermittelten Werte forme sie zu Persönlichkeiten. Denn sie mache vertraut mit Wind und Wetter und schaffe das Bewusstsein für die Abhängigkeit des Menschen von den Elementen. Das führe zu Geduld und Bescheidenheit wie auch zu Beweglichkeit und Aufmerksamkeit. Die Segelschiff-Ausbildung erziehe zu Teamgeist und Gemeinschaftssinn, sie präge Charaktere.

Trotz der sich rasant entwickelnden Technik haben diese Worte bis heute Gültigkeit. Auf der GORCH FOCK werden sie jeden Tag aufs Neue mit Leben erfüllt. Sie ist ein stolzes Schiff und ein Schiff, das mit Stolz erfüllt – uns als Werft und die Deutsche Marine.

Hamburg, im Mai 2008

Dr. Christian Eckel,
Vorsitzender der Geschäftsführung TKMS Blohm + Voss Nordseewerke GmbH,
Mitglied des Vorstandes ThyssenKrupp Marine Systems

1958–2008 · 50 Jahre Segelschulschiff GORCH FOCK
Blohm + Voss · Bau-Nr. 804

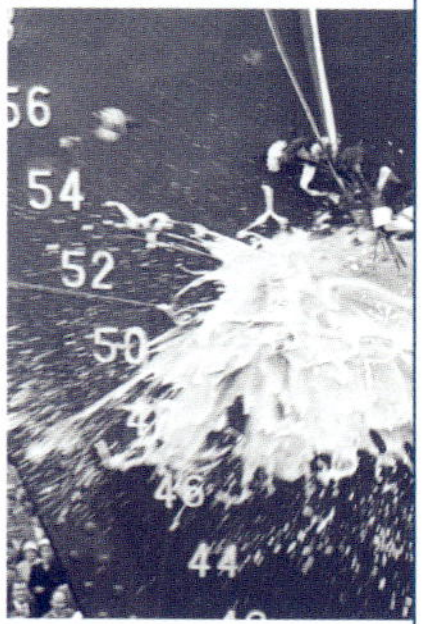

ThyssenKrupp Marine Systems

Ein Unternehmen von ThyssenKrupp Technologies

ThyssenKrupp

Ein besonderer Dank gilt den Sponsoren
und Inserenten für die großzügige Unterstützung
dieses Buches.

Insbesondere danken wir der Werft Blohm + Voss,
einem Unternehmen der ThyssenKrupp Marine Systems,
für die bereitwillige Überlassung von
schiffbaulichem Referenzmaterial.

Weiterhin bedanken wir uns beim

Presse und Informationszentrum der Marine
Deutschen Marine Institut
Bundesministerium der Verteidigung
Wehrgeschichtlichen Ausbildungszentrum der Marineschule Mürwik

für die freundliche Unterstützung und Bereitstellung von Bildmaterial.

Deutsches Marine Institut

Koehlers Verlagsgesellschaft mbH

Verehrte Leserin, verehrter Leser,

Segelschiffe üben schon von jeher eine ganz besondere Faszination auf Menschen aus. Dabei konnte nie festgestellt werden, ob es das lautlose Gleiten über die Meere, das direkte Erleben von Naturgewalten oder einfach nur das ästhetische Aussehen eines Segelschiffes an sich ist, was diese Faszination ausmacht. Im großen Buch der Windjammer beschreiben die Herausgeber Frank Grube und Gerhard Richter das Phänomen Segelschiff als den Mythos der hohen Masten mit folgenden Worten: »Bis zu den Sternen hinauf schien das Triebwerk der Schiffe unter vollem Tuch zu reichen. Hoch ragten die Masten und lautlos blähten sich die Segel über den frachttragenden Groß-Seglern. Es ist die Kraft der Natur, die das Segel bläht, ein Triebwerk, das – so Joseph Conrad – seine Arbeit in vollkommener Stille, mit regungsloser Anmut verrichtet und in dem eine launenhafte, nicht immer zu zügelnde Kraft verborgen ist, die nichts von den stofflichen Vorräten der Erde verbraucht.«

Am 17. Dezember 2008 feiert das Segelschulschiff GORCH FOCK den 50. Jahrestag seit Indienststellung. Darauf dürfen nicht nur der Kommandant des Schiffes und seine Besatzung sehr stolz sein, vielmehr ist das goldene Jubiläum ein Ereignis von großer Bedeutung für die gesamte Marine. Bei einem solchen Ereignis bietet es sich an, den Blick zurück zu richten.

Nach Aufstellung der Marine 1956 wurde allen Verantwortlichen schnell klar, dass keine andere Ausbildung als die des Marineoffiziers derartig durch kameradschaftliches Leben und seemännisch handwerkliche Fertigkeiten geprägt ist. Der Führungsstab beschloss daher den Bau eines Segelschulschiffes. Nun ging alles recht schnell und man konnte sich mit der Werft Blohm + Voss zur Realisierung des Vorhabens einigen. Die Verbindung maritimer Ausbildung mit der jahrhundertelangen Tradition von Segelschiffen war, wie wir heute feststellen können, eine großartige Idee.

Am 23. August 1958 lief das Segelschulschiff GORCH FOCK vom Stapel und wurde im selben Jahr in Dienst gestellt. Noch heute sind neben der GORCH FOCK ihre fünf Schwesterschiffe bei unterschiedlichen Nationen zur Ausbildung des seemännischen Nachwuchses aktiv.

Nicht von ungefähr wurde als Heimathafen die Landeshauptstadt Schleswig-Holsteins gewählt. Vom geschichtlichen Ursprung her betrachtet wäre Kiel wohl nie über die Größe einer Mittelstadt hinausgewachsen, wäre sie nicht 1865 zur preußischen Flottenstation und 1867 zum Kriegshafen des Norddeutschen Bundes ausgewählt worden. Erst durch die Verlegung der preußischen Flotte von Danzig nach Kiel 1865, veranlasst durch Admiral Jachmann, wurde die bis dahin kleine Handels- und Universitätsstadt nun deutlich durch die Marine geprägt. Der spürbare Aufschwung Kiels zur Marinestadt begann mit dem Deutschen Kaiserreich 1871 und der

Umwandlung der Marine des Norddeutschen Bundes zur Kaiserlichen Marine. Der Kieler Hafen erhielt die Bezeichnung Reichskriegshafen. Dieses bedeutete einen Ausbau zum größten Flottenstützpunkt des Reiches und damit auch eine zunehmende wirtschaftliche Belebung der Stadt.

Die auf dem Ostufer entstandene kaiserliche Werft wurde über die Instandsetzungen der Flotte hinaus auch mit dem Neubau von Schiffen beauftragt. Zu einem zwischenzeitlichen Bedeutungseinbruch der Stadt Kiel als maritimer Standort kam es zum Ende des Ersten Weltkrieges. Die im Friedensvertrag von Versailles dem Deutschen Reich zugestandene Marine von nur 15.000 Mann hatte durch die damit verbundene Verringerung von schwimmenden Einheiten auf den Werften zunächst eine Unterbeschäftigung zur Folge, die sich auch für die Stadt Kiel wirtschaftlich negativ auswirkte. Erst viele Jahre später liefen die ersten nach den Bestimmungen des Versailler Vertrages gebauten Kriegsschiffe bei der Deutschen Werke AG Kiel wieder vom Stapel. Als Folge des Ausbaus der deutschen Flotte auf der Basis des deutsch-britischen Flottenabkommens vom 18.06.1935 waren Mitte der dreißiger Jahre wieder alle Werften im Kriegsschiffbau tätig.

Nach großer Zerstörung infolge des Zweiten Weltkrieges und vorangetriebenem Wiederaufbau der Stadt wurde Kiel 1946 Landeshauptstadt von Schleswig-Holstein. Die Landesregierung zog in die frühere kaiserliche Marineakademie ein. Mit dem begonnenen Aufbau der Bundeswehr 1956 erhielt Kiel seine Bedeutung als Marinestandort sichtbar zurück. Die ehemalige Kasernenanlage in der Wik und der Tirpitzhafen wurde zum Standort schwimmender Einheiten und Stäbe der damaligen Bundesmarine. Die Flottille der Marineflieger wurde traditionell in Holtenau beheimatet.

Die Geschichte der Stadt Kiel ist nachweislich eng verwoben mit deutscher Marinegeschichte. Insofern gibt es auch keinen besseren Heimathafen für das wohl sympathischste Schiff der Deutschen Marine, die Gorch Fock. Eine seit nunmehr über 25 Jahre bestehende Patenschaft zum Schleswig-Holsteinischen Landtag beweist die enge Verbundenheit des deutschen Segelschulschiffes mit dem nördlichsten Bundesland unserer Republik.

Bei aller Romantik für diese außergewöhnliche Form der Seefahrt unter Segeln stellt sich dennoch für den geneigten Betrachter die Frage, welchen Beitrag in der heutigen Welt ein Segelschulschiff noch leisten kann.

Die Rolle von Seestreitkräften hat sich im Laufe der zurückliegenden 50 Jahre maßgeblich verändert. Das Tagesgeschehen der Deutschen Marine wird, mittlerweile seit vielen Jahren, durch das weltweite Entsenden unserer schwimmenden und fliegenden Einheiten in Krisengebiete bestimmt. Die Bundesregierung hat in ihrem Weißbuch 2006 zur Sicherheitspolitik Deutschlands und zur Zukunft der Bundeswehr, internationale Konfliktverhütung und Krisenbewältigung einschließlich des Kampfes gegen den internationalen Terrorismus als die auf absehbare Zeit wahrscheinlicheren Aufgaben der Bundeswehr definiert. Das Einsatzspektrum maritimer Seestreitkräfte ist vielseitig und reicht von Seeraumüberwachung über Embargomaßnahmen und Evakuierungsoperationen bis hin zu humanitärer Hilfeleistung und, wenn erforderlich, einem scharfen Waffeneinsatz bei eskalierender Entwicklung einer Lage.

Zum Wohle der Bundesrepublik Deutschland und seiner Bürgerinnen und Bürger fahren und fliegen deutsche Marinesoldatinnen und -soldaten auch in 2008 Einsätze in den Küstengewässern des Libanon bei der Operation UNITED NATION INTERIM FORCE IN LIBANON (UNIFIL), am Horn von Afrika in der Operation ENDURING FREEDOM (OEF) und im Mittelmeer als Teilnehmer der NATO-Operation ACTIVE ENDEAVOUR (OAE). Darüber hinaus hat sich das Anforderungsprofil dahingehend verändert, dass die speziellen Fähigkeiten der Marine bei Einsätzen mit denen des Heeres, der Luftwaffe und der Streitkräftebasis eng aufeinander abgestimmt und in gemeinsamen Operationen zusammengebracht werden müssen.

Wie passt also vor den dargestellten Rahmenbedingungen in diese Welt noch ein Segelschulschiff wie die Gorch Fock?

Trotz modernster Technik hat auch im 21. Jahrhundert die Ausbildung der Marineoffiziere an Bord eines Segelschulschiffes nichts an ihrem Stellenwert eingebüßt. Der Grundgedanke, der zur Übernahme der Dreimastbark in die Marine als Ausbildungsplattform führte, ist keineswegs überholt. Nirgends lässt sich Seemannschaft so trefflich lernen wie auf einem Segelschiff. Die Ausbildung an Bord der Gorch Fock legt daher den seemännischen Grundstein für alle Marineoffizieranwärter und zahlreiche Unteroffizieranwärter. An Bord bekommen sie die praktische und theoretische Ausbildung für spätere Verwendungen in der Flotte. An Bord erleben sie, welchen unmittelbaren Einfluss Wetterbedingungen haben können. An Bord wird deutlich, wie abhängig der Mensch von Naturgewalten sein kann.

Sicherlich brauchen moderne Marineschiffe auch den gut ausgebildeten Techniker, der sich in der komplexen Welt von Computersystemen und hoch technisierten Sensoren und Effektoren zurechtfindet. Dafür bildet die Marine Spezialisten in zahlreichen Verwendungen und an den entsprechenden Ausbildungseinrichtungen aus. Der Ausbildungsteil auf der Gorch Fock hat aber eine eher charakterformende Zielrichtung. Neben der Vermittlung des seemännischen Handwerkszeuges lehrt besonders das durch Enge geprägte Leben an Bord den hohen Wert kameradschaftlichen Verhaltens und sozialer Kompetenz. Eine Eigenschaft, die gerade für den zukünftigen Vorgesetzten unbedingte Voraussetzung im erfolgreichen Umgang mit anvertrauten Menschen ist. Die jungen Berufsanfänger der Marine werden durch persönliches Erleben zielgerichtet an das herangeführt, was den Beruf des Marineoffiziers oder -unteroffiziers ausmacht. Sie lernen im täglichen Wirken an Bord ihre Grenzen zu erkennen und diese angemessen einzuschätzen. Sie lernen die Zusammenarbeit im Team als alternativlos kennen und erfahren die Funktionsmechanismen von Gruppen unter herausfordernden Rahmenbedingungen. Die Ausbildung junger Kadetten auf dem Segelschulschiff Gorch Fock hat sich bewährt. Es verwundert nicht, dass viele zivile Wirtschafts- und Industrieunternehmen den Wert des Zusammenlebens auf einem Segelschiff bei der zwischenmenschlichen Ausformung einer Gruppe und zur Festigung einer teamabhängigen Zusammenarbeit erkannt haben. Managerseminare an Bord von großen Segelschiffen, bei denen nicht nur mitgereist, sondern vielmehr selber Hand angelegt wird, gehören mittlerweile zur gängigen Praxis vieler großer Betriebe bei der Weiterbildung der bereits in Verantwortung Stehenden und des Führungsnachwuchses.

Und noch etwas macht die große Bedeutung des Segelschulschiffes Gorch Fock aus. Auf der ganzen Welt wird mit der Deutschen Marine automatisch die Gorch Fock in Verbindung gebracht. Das zeigt, welch hohes Ansehen das Schiff weltweit genießt. Als Repräsentant der Deutschen Marine und damit für die Bundesrepublik Deutschland segelt sie rund um den Globus. Kommandant und Besatzung unterstützen damit die Arbeit der deutschen Vertreter im Ausland und tragen wesentlich zu einer Vertiefung und Verbesserung zwischenstaatlicher Beziehungen bei. Ohne auf einzelne Reisen eingehen zu wollen, da diese in anderen fach- und sachkundigen Beiträgen zu diesem Buch dargestellt werden, bleibt festzuhalten, dass das Segelschulschiff allein durch die weltweite Präsenz in Häfen, auf den Weltmeeren und bei zahlreichen Großseglertreffen oder Regatten von unschätzbarem Wert für das Ansehen deutscher Streitkräfte und der Bundesrepublik Deutschland ist. Darüber hinaus leistet die Gorch Fock durch die zahlreichen Austauschvorhaben für Kadetten befreundeter Marinen einen unschätzbaren Beitrag für die Entwicklung freundschaftlicher Beziehungen zwischen den Marinen weltweit.

Dem Weißbuch 2006 folgend, ist eine entscheidende Einflussgröße für die Weiterentwicklung der Marine auch weiterhin ihre internationale Einbindung. Das Segelschulschiff Gorch Fock operiert zwar nicht als Teil einer NATO RESPONSE FORCE oder der STANDING NAVAL GROUPS, gleichwohl ist der verbindende Gedanke der Völkerverständigung, den das Schiff auf die Weltmeere hinausträgt, von vergleichbar hohem Rang einzuordnen.

Ich danke an dieser Stelle als Inspekteur der Marine allen Besatzungsangehörigen und auch ehemaligen Besatzungsangehörigen der Gorch Fock sehr herzlich, dass sie in den zurückliegenden 50 Jahren durch persönliches Engagement, Einsatzwillen und professionelles Auftreten einen wichtigen Beitrag zur Völkerverständigung geleistet haben.

Zeitgleich mit dem 50. Geburtstag des Segelschulschiffes Gorch Fock feiern wir in diesem Jahr noch ein weiteres freudiges Ereignis: 160 Jahre deutsche Marinen. Am 14. Juni 1848 wurde in der Frankfurter Paulskirche der Beschluss für den Bau einer Flotte zur Verteidigung der deutschen Küste und Gewähr des freien Zugangs zu Häfen gefasst. Wir freuen uns also gemeinsam, ein schönes und für die Deutsche Marine jubiläumsreiches Marinejahr 2008 begehen zu können.

Ich gratuliere dem Segelschulschiff Gorch Fock sehr herzlich zum 50. Geburtstag und wünsche weiterhin allzeit gute Fahrt. Möge die Gorch Fock auch zukünftig alle Untiefen und Klippen so erfolgreich wie bisher umschiffen, wo auch immer sie ihr Auftrag hinführen wird. Ich wünsche dem Kommandanten und seiner Besatzung eine stets sichere und gesunde Rückkehr in den Heimathafen Kiel.

Den Verfassern und Autoren dieses Bildbandes danke ich für eine gelungene Dokumentation mit vielen ansprechenden Hintergrundinformationen zur Gorch Fock, dem Segelschulschiff der Deutschen Marine. Eine Darstellung, die einem dem Anlass entsprechend würdigen Rahmen bildet.

Bonn, im Mai 2008

Wolfgang E. Nolting,
Vizeadmiral und Inspekteur der Marine

Gorch Fock beim Auslaufen aus einem Auslandshafen

Slg. Peter Tamm

Gorch Fock, Kiel und das Meer

Das Segelschulschiff GORCH FOCK der Deutschen Marine ist 50 Jahre alt. Es dient in erster Linie der Ausbildung des Nachwuchses von Offizieren und Unteroffizieren. Die regelmäßigen Ausbildungsreisen beginnen und enden im Heimathafen Kiel, der Hauptstadt des nördlichsten Bundeslandes Schleswig-Holstein. Über diese Rolle hinaus ist das Schiff und seine Crew im Ausland ein Botschafter Deutschlands und im Inland ein Botschafter für maritime Interessen und Meeresbewusstsein. In einmaliger Dichte verkörpert dieses Schiff nüchterne Routineaufgaben mit Sympathiewerbung nach innen und außen und transportiert zugleich maritimes Bewusstsein in Herzen und Köpfe der Menschen. Der vorliegende Beitrag will versuchen, diese Zusammenhänge deutlich zu machen und die Faszination der GORCH FOCK zu erklären.

Als im Jahre 1907 Johann Kinau, dessen Künstlernamen Gorch Fock das Schiff trägt, als Buchhalter bei der Hamburg Amerika Linie angestellt und der »Zentralverein Deutscher Rheder« gegründet wurde, fuhren noch ca. 10 % der Handelsschiffe unter Segeln. Bis vor 150 Jahren war der Wind der einzige Antrieb für die Schifffahrt. Damals wie heute ist der Wind der Freund *und* der Feind des Seemanns (und der Menschen an Land): Aber der Wind ist unberechenbar. Günstiger Wind beflügelt die Reise; Wind von vorn ist unbeliebt – auf See und in der Politik. Starker Wind kann zum Verhängnis für Schiff und Mensch werden. Aber Wind bedeutet Energie und kluger Umgang mit dem Wind ist heute wieder gefragt.

Mit dem Siegeszug von Dampfmaschine und Dieselmotor wurde der Wind als Schiffsantrieb uninteressant, allerdings nur für die Berufsschifffahrt und die Marine, während der Segelsport dem Wind stets treu blieb und in Kiel eine »Hauptstadt« gefunden hat. Auch Segelschulschiffe und Großsegler halten unbeirrbar seit über hundert Jahren an der alten Bauweise und Segeltechnik fest, ohne anachronistisch zu werden. Selbst tragische Unfälle mit hohen Verlusten an jungen Menschen haben die Segelschiffe nicht aus der Bahn geworfen. Auf dem Kieler Nordfriedhof erinnert das Ehrenmal an die 69 Kadetten und Seeleute, die am 26. Juli 1932 im Fehmarnbelt beim Untergang der Niobe ums Leben kamen. Aber schon 1933 folgte der Neubau der ersten Gorch Fock als Segelschulschiff der Marine. Der Untergang der Pamir am 21. September 1957 mit 80 toten Seeleuten der Handelsmarine wirkt bis heute im Bewusstsein der Menschen fort.

Aber ein Jahr später am 23. August 1958 lief die neue Gorch Fock vom Stapel – allerdings mit schiffbaulichen Änderungen, die man nach der Pamir-Katastrophe für sinnvoll erachtete. So wurde 1957 das Für und Wider der Segelschiffsausbildung ein zweites Mal mit einem mutigen »Dennoch« entschieden, wie es dem Motto »Seefahrt tut Not« entspricht. Blickt man auf die nachträglichen Konstruktionsänderungen und Umbauten der Gorch Fock, so wird deutlich, dass die Marine hier keineswegs leichtsinnig vorging, sondern stets die Standards für die Sicherheit von Segelschiffen verbessert. Auch sonst ist die Gorch Fock ein Erfolgsmodell, denn die vier baugleichen Schwesterschiffe existieren und segeln mit Ausnahme der Gorch Fock 1 immer noch. Übrigens hatte man auch in der damaligen DDR 1951 die Schonerbrigg Wilhelm Pieck unter dem Kommando eines alten Cap Horniers in Dienst gestellt, um junge Leute für die Seefahrt zu motivieren.[1]

1 Helmut Sieger, »Episoden deutscher Segelschifffahrt vor 50 Jahren«, MarineForum 2007, Nr. 9, S. 52 f.

Seit 1982 besteht eine lebendige Patenschaft des Landtags von Schleswig-Holstein,[2] der in einem Gebäude an der Förde residiert, das früher einmal die Kaiserliche Marineakademie war. Die Patenschaft ist äußerlich sichtbar am abgelegten Stockanker vor dem Landtag, dem alten Unterwant des Großmastes, aufgestellt am Nebeneingang, und einem Schiffsmodell im Inneren des Hohen Hauses. Der Anker mag die dauernde Verbundenheit des Schiffes zum Land symbolisieren. Die Wanten (am Eingang zur Landtagskantine) mögen die Abgeordneten daran erinnern, dass man in die Höhe klettern und in luftiger Höhe Teamarbeit leisten muss, damit das Staatsschiff sich bewegt. Eine weitere Gemeinsamkeit mag darin liegen, dass man sich auf See wie in der Politik auf schwankenden Planken in einer manchmal ungemütlichen Umgebung befindet. Das jetzt über 25-jährige Patenschaftsverhältnis wird in engen liebevollen Kontakten zwischen Schiff und Landtag praktisch gelebt. Der Landtagspräsident verabschiedet das Schiff beim Auslaufen und begrüßt es bei der Heimkehr. Es gibt gegenseitige Besuche und Ausfahrten, die die gesamte Besatzung einbinden. Die enorme Ausstrahlung des Schiffes wirft einen Abglanz auf den Heimathafen Kiel und auf Schleswig-Holstein. Kiel, die etwas spröde maritime Stadt im Norden Deutschlands, kann sich mit einem Großsegler

2 »25 Jahre Patenschaft: Segelschulschiff Gorch Fock – Schleswig-Holsteinischer Landtag«, Kiel 2007, 80 S.

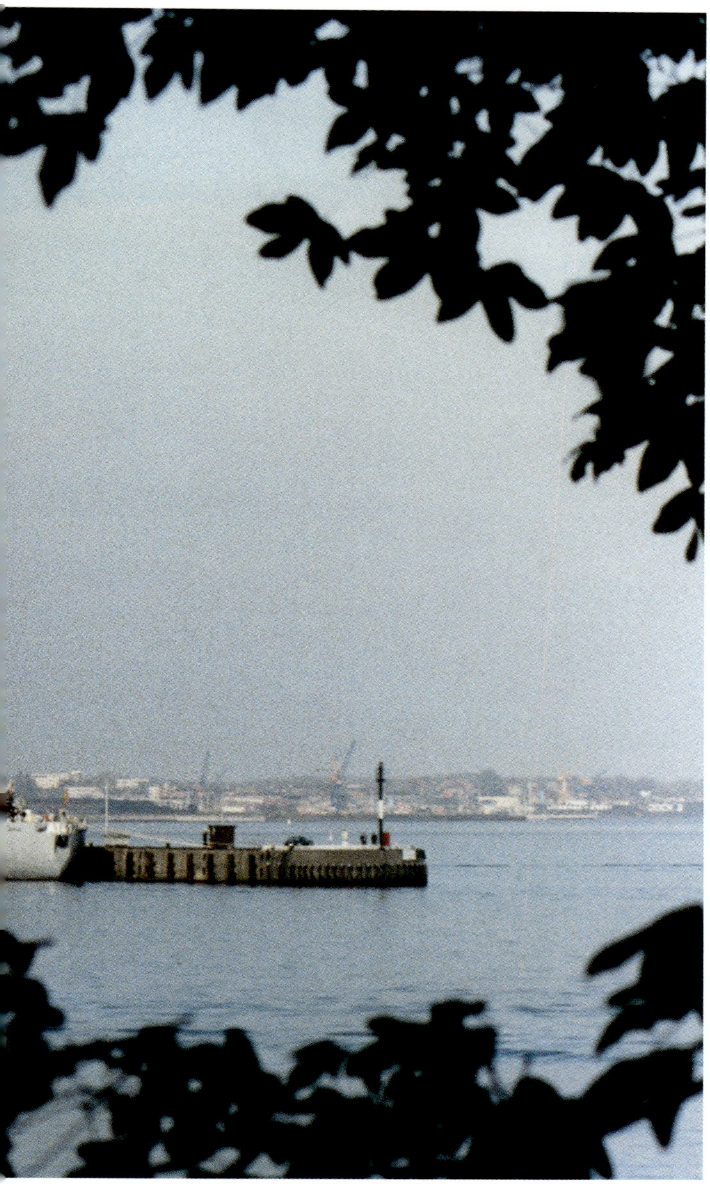

Segelexerzieren an der Pier des heutigen Liegeplatzes an der Tirpitzmole in Kiel-Wik *PIZ Marine (Horst Dehnst)*

schmücken und unterscheidet sich damit von den meisten anderen Seestädten. Das große Interesse am Segelsport, an Seglertreffen und seglerischen Großereignissen wie der zweimaligen Segelolympiade (1936 und 1972), der jährlichen Kieler Woche, dem Volvo Ocean Race und Welt- bzw. Europameisterschaften gehört in Kiel zum Grundverständnis von Stadt und Bürgern. Mit der Verbindung zur Gorch Fock erhält Kiel als internationales Zentrum des Segelns ein weiteres Alleinstellungsmerkmal, das weit über die Segelei hinausweist.

Gorch Fock als Werbeträger und Botschafter im Ausland

Dieses Schiff ist ein Faszinosum in mehrfacher Hinsicht. Es ist jedenfalls mehr als ein gewöhnliches Ausbildungsschiff, wie es in allen Marinen viele gibt. Es transportiert – neben seiner Kernaufgabe als Ausbildungsplattform – positive Informationen und Gefühle ins Inland und ins Ausland und ist damit ein guter Botschafter des heutigen Deutschlands, ein Pfund mit dem zu Hause und in der Welt gewuchert werden kann.

Im Innern, und das schließt das tiefste Binnenland mit ein, wirbt die Gorch Fock Freiwillige und Sympathie für die Deutsche Marine. Im Fernsehen und in anderen Medien ist das Schiff ständig präsent, ohne dass es dafür großer Anstrengungen bedürfte. Über den früheren 10-DM-Schein war sie jedem Bundesbürger sowieso vertraut. Wenn jetzt eine 10-€-Münze mit dem Segelschulschiff erscheint, ist das wieder ein medialer Erfolg. So gehört die Gorch Fock zu den wenigen Symbolen Deutschlands, die nicht umstritten sind. Und wenn es so etwas wie Meeresbewusstsein in Deutschland gibt, dann ist die Gorch Fock ein wichtiger Baustein.

Nach über 140 Auslandsreisen in 50 Jahren ist das weiße Schiff der »dienstälteste Botschafter« der Republik und ein sehr erfolgreicher dazu. Die Reisen werden stets mit dem Auswärtigen Amt abgestimmt, spielen sich aber weitgehend außerhalb der Reichweite unserer Fernsehsender, Mikrofone und Zeitungen ab, weshalb dieses Wirken der Gorch Fock nicht überall gebührend gewürdigt wird. Die Besuche in fremden Häfen sowie die Teilnahme an Regatten und Großseglertreffen bieten die Chance, das Land als Ganzes zu repräsentieren und für unsere Kultur, für Deutschland als verlässlichen Partner zu werben. Der Besuchsaustausch der jungen Soldaten/-innen an Land und die enorme Zahl der ausländischen Besucher an Bord (er dürfte in die Hunderttausende gehen) prägen das Deutschlandbild.

Ich denke an die »Eisbrecher«-Besuche des Schiffes in Danzig 1974 und in Israel 1988. In Danzig war es der erste Besuch eines deutschen Kriegsschiffes nach dem Krieg in Polen. Der Besuch in Israel war ebenfalls ein Meilenstein in den bilateralen Beziehungen, der zur Normalität beitrug. Am Morgen gab es den für alle aufwühlenden Besuch mit Kranzniederlegung in Yad Vashem und am Abend tanzten israelische Soldatinnen mit deutschen Soldaten.

Der Wirkungsgrad dieser Besuche ist enorm hoch, obwohl es nur ein *windfall profit* der Marineausbildung ist. Das, was die Fußballweltmeisterschaft 2006 an Imagewerbung bewirkte, leistet die Gorch Fock seit 50 Jahren. Man könnte wohl drei Segelschulschiffe gebrauchen, um alle Besuchswünsche und Einladungen zu Windjammerparaden zu erfüllen.

Gorch Fock als Ausbildungsplattform

In einer Zeit ständiger Bildungsreformen und rascher Veränderung von Wirtschaft und Technik hält die Deutsche Marine seit 50 Jahren an der Segelschiffsausbildung fest. Sie befindet sich dabei in guter Gesellschaft anderer Handels- und Kriegsmarinen (Russland, USA/Coast Guard, Polen, Portugal, Rumänien, Italien und lateinamerikanische Staaten). Die Kritiker sind verstummt, denn das pädagogische Potenzial ist zeitlos und beachtlich, gerade in einer Zeit, in der die Menschen wenig Orientierung haben und mit der Natur in Widerspruch geraten. Bisher haben über 20.000 Soldaten auf der Gorch Fock gedient, davon 11.000 Offiziers- und Unteroffiziersanwärter, der Rest Wehrpflichtige und Stammbesatzung.

Die Ausbildungsinhalte haben über den Beruf als Soldat oder Seemann hinaus Bedeutung und Vorbildfunktion:

- Praktische Seemannschaft, ständige Aufmerksamkeit gegenüber der Natur, Gefühl für Wind und Wellen sind ein Erfordernis für Sicherheit auf See und schulen den Respekt vor dem Meer und den klugen Umgang mit Naturkräften;
- Jedes Besatzungsmitglied ist wichtig und Teil eines Teams, das sich mit seinem Schiff identifiziert und die Bordgemeinschaft bildet. Der ichbezogene Eigenbrötler ist an Bord nicht zu gebrauchen;

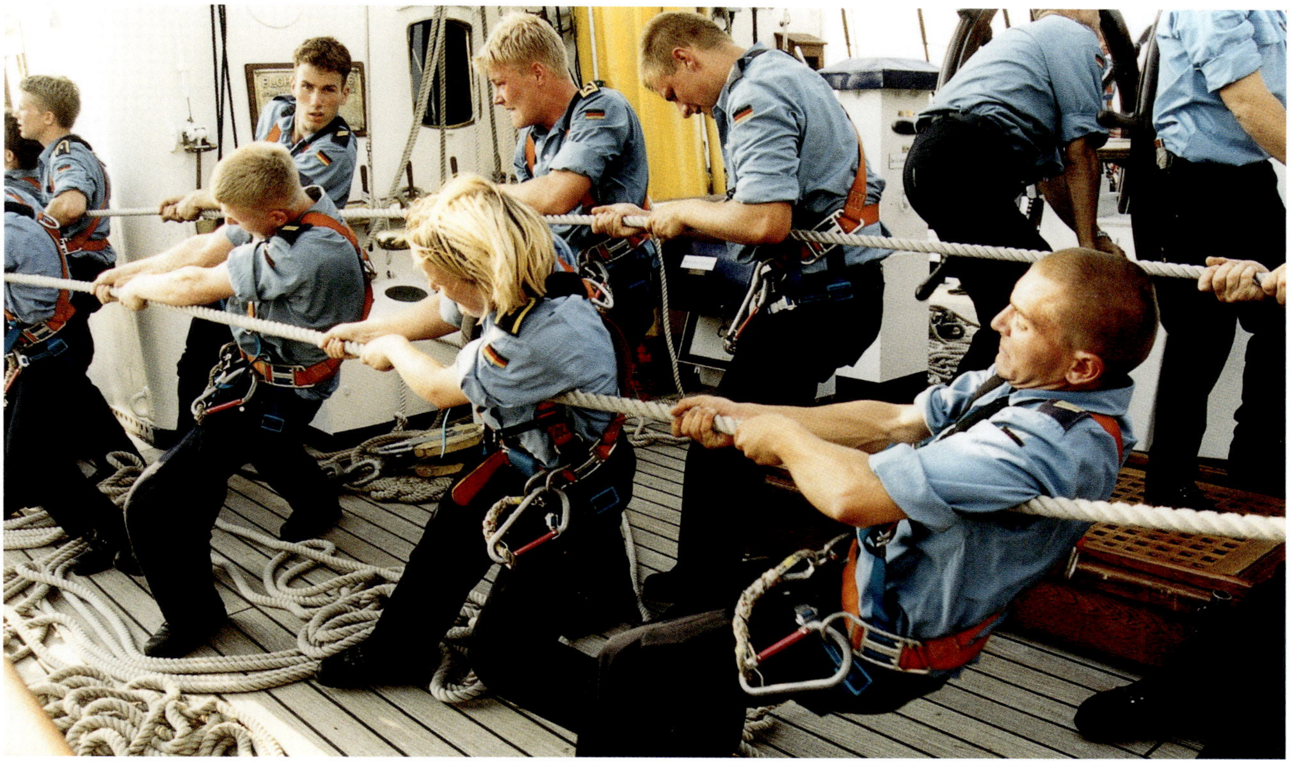

Vor der Ausreise steht das Segelexerzieren als Grundlage der sicheren Handhabung des Schiffes.

Linke Seite: PIZ Marine (Horst Dehnst); oben: BMVg (Andreas Noll)

- Jeder Handgriff, der die Lage des Schiffes verändert, wird sofort sichtbar und bewusst, der Seemann weiß, was er tut und warum;
- *Corporate identity* braucht nicht aufwändig geschult zu werden, sie bildet sich von selbst, das Schiff verbindet die Menschen;
- Toleranz, Geduld, Kameradschaft und Leistungsbereitschaft machen das enge Zusammenleben erträglich, die eigenen Bedürfnisse treten gegenüber denen der Mannschaft zurück;
- die Hierarchie beruht auf Vorbild, Professionalität und Verantwortung;
- die Auslandsbesuche heben Selbstbewusstsein und Verantwortungsbewusstsein der Soldaten;
- Im Idealfall wird das Gefühl gestärkt, den richtigen Beruf ergriffen zu haben.

Diese und weitere *soft values* kann das Segelschulschiff vermitteln und damit gleichzeitig fachliche und charakterliche Qualitäten für den Führungsnachwuchs fördern. Das ist ein Kontrapunkt zum Zeitgeist der manchmal überheblichen Technikseligkeit am Computer, womit nichts gegen die natürlich notwendige und praktizierte Technikausbildung bei der Marine gesagt ist. Mancher zivile Ausbildungsbetrieb kann von solchen Ergebnissen nur träumen, die auch seinen Betrieb beflügeln könnten. Aber die Marine muss sich ständig Gedanken machen, wie Ausbildung und Berufsbild im Wettbewerb mit dem zivilen Sektor attraktiv bleiben für den heutigen Nachwuchs, der durch Anspruchshaltung und Laptop geprägt ist.

Die positiven Ausbildungserfahrungen werden bestätigt in der zivilen Segelschiffsfahrt, wo eine Renaissance der Segler mit ähnlichen Erfolgen stattfindet. Segelsport, sozialpädagogisches Segeln, Trainingskurse für Unternehmen, Trainee-Reisen auf Großseglern und die vielen neuen Segelkreuzfahrer bieten diese Möglichkeiten, verbunden mit Naturerlebnis und Völkerverständigung.

Kreuzfahrtsegler im Aufwind

Normalerweise verschwinden alte Techniken sehr schnell, wenn sie als unzuverlässig erscheinen und eine neue Technik zur Verfügung steht, die einen Effizienzgewinn bedeutet. Wer fährt heute noch mit der Postkutsche? Segelschiffe haben sich lange Zeit für die seemännische Ausbildung nur als Randerscheinung gehalten. Immerhin haben deutsche Werften den Erfolgstyp Gorch Fock in baugleichen Versionen abgeliefert und fremde Marinen betreiben eigene Segelschulschiffe. Aber seit den 60er-Jahren gibt es eine regelrechte Renaissance der Großsegler, wie man jedes Jahr bei der Kieler Woche sehen kann. Es gibt dafür nur eine Erklärung: Segelschiffe sind etwas ganz Besonderes!

Nostalgie und Erinnerung an 5.000 Jahre Segeln als einzige Transportart zur See reicht wohl nicht zur Rechtfertigung, schon eher die Ästhetik der schlanken hohen Schiffe und ihrer eleganten Fortbewegung. Im Zeitalter des Klimawandels tritt die Umweltfreundlichkeit des Großseglers hinzu: Dem Ideal des Nullemissionsschiffs kommt man sehr nahe. Innerhalb des Segments der Kreuzfahrer hat sich die große Nische der Kreuzfahrtsegler[3] entwickelt, die gut in das Schema sauberer Natur und umweltbewussten Reisens passt. Im Gegensatz zur Fernflugreise darf der Passagier auf solchen Kreuzfahrern das Gefühl haben, keine Umweltsünden zu begehen – eine gute Voraussetzung für ein erfolgreiches Marketing, das nun Eleganz, Romantik, Abenteuerlust und Umweltschutz verbinden kann. Gerne spricht man dann vom »Clipper«, denn das macht den Segler noch attraktiver. Der Segelantrieb wird allerdings nur genutzt, solange es Wind und Zeitplan erlauben. Im Gegensatz zum vollklimatisierten Motorschiff nehmen die Passagiere Meer, Umwelt und Wetter bewusst wahr. So erklärt sich die Attraktivität des segelnden Kreuzfahrers aus der Symbiose von Segelschiffsromantik, Naturnähe, elegantem Aussehen und Komfort an Bord.

Die 1931 in Kiel gebaute SEA CLOUD 1 ist so etwas wie der Prototyp. Neuere Großsegler der Reederei Star Clippers sind für die bevorzugten Seegebiete stetiger Winde und günstigen Wetters (Mittelmeer, Karibik, Ostsee) besonders konstruiert. Rahsegler wie das 2000 fertig gestellte Fünfmastvollschiff ROYAL CLIPPER und bedienungsfreundliche Barkentinen sind wieder gefragt. Technische Hilfen erlauben die Bedienung teilweise vom Deck aus. Kurz gesagt: Dieses Marktsegment hat eine gesicherte Zukunft.

Der Wind als Antriebsquelle für Schiffe

Die Galionsfigur der GORCH FOCK ist etwas untypisch für große Segler, denn sie ist keine schöne Frau, sondern ein Albatros, der sich zudem schon mehrfach (6 Mal !) unerwartet vom Schiff gelöst hat. Abergläubische Geister mögen im Verlust der Galionsfigur ein bedenkliches Vorzeichen sehen. Man kann es aber auch optimistisch sehen: Albatrosse *müssen* fliegen, denn sie sind Meister in der Ausnutzung des Windes in den Lüften über der See. So greifen die ausgebreiteten Flügel des Albatros und sein Schwanz das Thema Wind auf.

Als alternative Energiequelle gewinnt der Wind heute wieder Bedeutung. Dafür gibt es zwei Gründe. Die enormen Kostensteigerungen für Treibstoffe[4] zwingen zur Sparsamkeit, während gleichzeitig die Sorge um Klimawandel und Umweltschutz die Abgase der Schiffe als klima- und gesundheitsschädlich erkannt hat. Allerdings hat sich bisher der Windantrieb als Alternative gegenüber dem Motor nicht durchsetzen können, weil es im modernen Seetransport entscheidend auf Pünktlichkeit und Zuverlässigkeit ankommt. Selbst bei Kreuzfahrtseglern ist der präzise Fahrplan wichtiger als die Brennstoffersparnis. Aber Segel- und Windantriebe kommen als ergänzender Antrieb auf bestimmten Strecken, verbunden mit schmerzhaften Kostensteigerungen des Öls, wieder ins Geschäft. Die Fantasie von Reedern und Schiffbauern ist angeregt.

Derzeit werden die ersten SkySail-Systeme auf Frachtschiffen[5] eingebaut. Diese Zugdrachen in der Größe von z. B. 320 m^2, die von Deck aus mit Winschen gesteuert werden, sind ein Zusatzantrieb bei achterlichen und seitlichen Winden. Der Dauerbetrieb wird zeigen, inwieweit sie den Treibstoffverbrauch auf ausgewählten langen Strecken senken können. In Dänemark, Japan und Frankreich (Cousteau) wird an alternativen Segelantrieben gearbeitet. Der Begriff »Windschiffe« beginnt sich für Schiffe mit diesen neuen Antrieben durchzusetzen.

Als nach dem Ersten Weltkrieg schon einmal Sparsamkeit angesagt war, konstruierte Anton Flettner in Kiel zusammen mit der Germania Werft die Rotorschiffe BUCKAU und BARBARA mit dem wohl ungewöhnlichsten alternativen Antrieb aus senkrecht stehenden großen Zylindern, die den Magnuseffekt nutzen. Versetzt man den Zylinder in Rotation, so bewegt sich eine Seite mit dem Wind, die andere gegen den Wind. Als Folge ergeben sich unterschiedliche Windgeschwindigkeiten am Zylinder und damit Druckunterschiede. Wie beim Flugzeugflügel oder beim konventionellen Segel entsteht Antriebskraft in Richtung Unterdruck. Das Optimum an Fortbewegung wird erreicht, wenn der Wind in einem Winkel von 100 bis 130 Grad zur Kurslinie auf die Zylinder trifft. Auch bei achterlichem Wind entsteht noch Schubkraft, während bei vorlichem Wind gekreuzt werden muss. Das ist jedoch einfacher als bei Seglern, weil zur Richtungsänderung lediglich die Drehrichtung der Zylinder umgekehrt werden muss. Mit der Technik der Zwanzigerjahre wurden Geschwindigkeiten bis 8,5 kn erreicht. Der

3 Hierzu Freg. Kpt. a.D. Müller-Cyran, »Moderne Großsegler und Windschiffe«, Vortrag Führungsseminar Marineschifffahrtleitung, Führungsakademie der Bundeswehr, Hamburg 31.05.2007.

4 Eine Tonne Schiffsbunker kostete zum Jahreswechsel 2007/8 rund 500 US $.

5 »Beluga Skysails«, getauft am 15.12.2007 in Hamburg von der Ehefrau des Bundespräsidenten; vgl. Deutsche Seeschifffahrt, Januar 2008, S. 69.

Rotorantrieb erregte damals in der Fachwelt erhebliches Aufsehen, aber dank billigem Öl blieb der Dieselmotor Sieger. Die Kieler Neuesten Nachrichten waren 1932 voll mit diesen Informationen. Nach dem Zweiten Weltkrieg forschte Blohm + Voss erneut am Flettnerrotor als Zusatzantrieb.

Die Kieler Lindenau Werft baut im Jahre 2008 im Auftrag des Windkraftherstellers Enercon aus Aurich ein 130 m langes Transportschiff für Windanlagen. Das Schiff erhält neben einer dieselelektrischen Antriebsanlage vier 27 m hohe und 4 m breite Flettnerrotoren, die bis zu 40 % Brennstoffersparnis bringen sollen[6]. Das neue Schiff wird sowohl als Transporter für Windenergieanlagen wie mit seinem Hybridantrieb große Aufmerksamkeit finden und hoffentlich den Ruf der Kieler Werft als Ideenschmiede und Innovationszentrum im Schiffbau weiter festigen, selbst dann, wenn es Probleme mit Kinderkrankheiten geben sollte.

An dieser Stelle nicht zu vertiefen ist das Thema Windenergie zur Stromerzeugung, das an den deutschen Küsten einen hohen Stellenwert genießt und den Menschen vertraut ist. Windenergieerzeugung an Land und auf See beschäftigt inzwischen eine respektable Industrie und liefert wachsende, wenn auch unstetige Beiträge zur Stromerzeugung. Speziell die Offshore-Windenergieanlagen sind nach Meinung vieler ein zentraler Beitrag zum Energiemix der Zukunft.

Kiel ist übrigens auch der Ort, wo modernste wissenschaftliche und technische Entwicklungen gewaltige Fortschritte für die Sportsegelei brachten. Hier werden große Admirals Cupper gebaut oder ausgerüstet und optimale Segel berechnet. Mit neuen Werkstoffen und wissenschaftlicher Tüftelei in Strömungslehre und Yachttechnik[7] ist es möglich, die Windkraft noch besser als bisher auszunutzen, zunächst im Spitzensport, später vielleicht auch in der Berufsschifffahrt. Ganz neu ist die Idee, den Reibungswiderstand der Schiffe im Wasser durch Einpressen von angesaugter Luft zu verringern, so dass das Schiff wie auf einem dünnen Luftteppich gleitet. Jedenfalls ist das Ende der Entwicklung im Schiffbau, im Maschinenbau und beim Segeldesign noch lange nicht erreicht. Die Entwicklung geht weiter und wird sich eher noch beschleunigen. Im Zeichen des Klimawandels ist der Mensch gezwungen, sich wieder mit elementaren Dingen zu beschäftigen. Das tut auch die Gorch Fock und ist daher zeitlos modern.

Der Dichter Gorch Fock (Johann Kienau, 1880–1916) *Slg. DMI*

Gorch Fock und die maritime Kultur

Wenn wir über das Schiff Gorch Fock sprechen, verdient der Namensgeber, der 1880 in Finkenwerder geborene Johann Kinau, der sich aus den Namen verstorbener Familienangehöriger seinen Künstlernamen Gorch Fock zulegte[8], unsere Aufmerksamkeit. Sein 1912 erschienenes Buch »Seefahrt ist Not« greift ein uraltes römisches Topos[9] auf und schildert das harte Leben der Nordseefischer, die Gefahren der See, aber auch die romantische Verklärung des Naturerlebnisses und die Freiheit des Lebens auf See, der man mit Professionalität, Bescheidenheit und Geduld begegnen muss, wenn man nicht untergehen will.

Johann Kinau gehört mit Joachim Ringelnatz zu der in Deutschland sonst kaum vertretenen Spezies der echten Seeschriftsteller. Das beste Denkmal, das man dem Großsegler überhaupt setzen kann, ist das Gedicht von Ringelnatz:

6 »Es geht rund ...«, Deutsche Seeschifffahrt 10/2007, S. 48 f; Flettner-Rotorschiffe – Alte Technik für neue Schiffe, Hansa 2007, Dezember S. 16–22.

7 Segelforschungsprojekte in der Yacht Research Unit YRU in der Fachhochschule Kiel.

8 zu Johann Kinau vgl. Harald Loch, Liebeserklärung auf Plattdeutsch, mare No. 63, August 2007, S. 120.

9 Plutarch berichtet, dass der römische Feldherr Pompeius (106–48 n. Chr.) unwillige Seeleute zum Auslaufen drängte mit den Worten »navigare necesse est, vivere non«.

Däupred för dat Schoolschipp

"Gorch Fock"

23.8.1958

Mien leeben Lüd van de Bundesmarine! Mien leeben Lüd van Blohm un Voß! Mien leeben Lüd ut de groote Stadt Hamborg! Un all uns gooden Fründen van de Seefoahrt un van de Woterkant! "Dat geiht narms bunter to – as up de Wilt!" seggt de Plattdütschen.

Doar wür mol'n Jungen, de wohn in Finkwarder an'n Diek, un de much so bannig giern fischen un schippern un seiln. Un he wull ook so bannig giern mit no See, – sien Vadder un meist all de Noberslüd würn Seefischer. Un as de Jung sowat twölf Joahr wür, do nähm sien Vadder em ook mol mit no See. Un de Jung frei sick ganz dull, un hölp bi't Fischen un bi't Seiln so good as he kunn. Ober denn kreegen se Bries un hooge Dünung, un de Jung wörd seekrank. Un sien Vadder sett em bihus wedder an Land un sä: he schull denn man doch leeber keen Fischermann warden! Un he bröcht em, as de Jung ut de School käm, bi'n Koopmann in de Liehr.

Un fief oder söß Joahr loter – seet düsse Jung as "Handlungsgehilfe" in Thüringen, un harr Heimweh no sien lütt Finkwarder, un de Elw mit all ehr brunen Seils. Un he füng an to grübeln un füng an to schrieben, un schreef – ünner den Nom "Gorch Fock" – allerhand lütte hoochdütsche un plattdütsche Geschichten van de Woterkant. Un söben oder acht Joahr wieder seet düsse Gorch Fock in dat groote Kontor van de Hamborg-Ameriko-Lien in Hamborg, un schreef obends no Fierobend un sünndogs in'n Hus' dat beste Book, wat dat van uns' Fischeree ünner Seils geben deit: "Seefahrt ist not!" mit so vel Sünnschien un Freid, un mit so vel fasten Glooben, un mit so vel frischen Moot, – – dat all de Jungs un Junggäst, de dat lesen dän, de Näs wedder hoch un den Kupp wedder in'n Wind kreegen un sän: "Mann, – ? Is dat woahr? So scheun kann dat up See wesen, sogoar up son lütten eenfachen Fischereeber – ? Dat möt wi uns doch mol ankieken!"

Un wedder mol söben oder acht Joahr loter steiht de Schrieber van dat Book, steiht düsse Gorch Fock sülben as Mariner boben in'n Mastkorf van unsen Krüzer "Wiesbaden". Ober nu is Krieg, un meist all uns' Schep sünd mit in de groot Seeslacht vör't Skogerrak. Un Gorch Fock sien Krüzer "Wiesbaden" ward van all de Kanten kott un kleen un in de Brand schoten, un sackt em coletz man eenfach so ünner de Feut weg.

Un denn – – – jä, wat denn wesen is, – dat weet keeneen van uns, un dat ward woll ook nüms to weten kriegen. Ober – – Gorch Fock sülben hett mol in een van sien lütten hoochdütschen Geschichten schreben: "Und sollten meine Masten brechen und meine Segel in den Wind fliegen, solltest du mich holen, du schöne wilde See, – so will ich in all meiner Not doch noch erkennen, daß mein letzter Blick deiner größten und höchsten Schönheit gegolten hat!"

Un he hett ook mol schreben: "Auch das Meer, in das mein Leib versinkt, ist nur die hohle Hand meines Gottes, aus der mich nichts reissen kann!"

Vier Weken mütt Gorch Fock noch – doot – up sien Korkwest drieben, dann endlich ward he – dicht vör de swedische Küst – upfischt un ward up de lütt Insel Steensholm begroben.

Un de Krieg un de Tied geiht wieder, un dat Leben is bunt! No jeeder Nacht ward't wedder hill, – no jeeden Störm ward't wedder still, – no jeede Noot kummt ook de Freid –! Achtteihn Joahr loter geiht bi düsse lütt Insel Steensholm – een groote feine Bark vör Anker. Un de kummt – – ut Dütschland, is in Hamborg bi Blohm un Voß boot, un an de Siet steiht in groote gulle Bookstoben de Nom "Gorch Fock"! – – Un denn duert dat ook ne lang mihr, denn kommt hunnertuntwindig blaue Jungs, hunnertuntwindig dütsche Mariners mit de Boot an Land schippern, un stoht bi Gorch Fock an't Graff, un greut em as een'n van jemehr besten Kameraden.

Un de Tied geiht wieder, un dat Leben blift bunt, mit Sünnschien un Regen, mit Arbeit un Freid, mit Störm un Striet, un wedder mol mit Krieg, grusigen Krieg geegen de halbe Wilt. Un all uns' Schep goht wedder verlorn. Ook uns' dree scheunen Schoolschep kummt ut Sicht un – sünd weg.

Ober bi uns bleben is Gorch Fock sien Freid an Wind un Woter. Un ook sien Wurt is bleben: "Wi möt wedder ünner Seils! Seefoahrt is noot!"

Un nu stoht wi hier – mihr as teihndusend Minschen – up de Warft van Blohm un Voß in Hamborg – wedder mol vör son groot fein Schipp, un wöt dat för uns' Bundesmarine to Woter loten. Un ick gläuf, wi freit uns alltohoopen, dat dat keen Kriegsschipp mit Atomraketen – ne, dat dat ook wedder'n Segelschoolschipp warden schall, un schall wedder mit Sünn in de Seils un Schum vör'n Steben no See rutklüsen, un schall all uns jungen Mariners dat liehrn un dat geben, wat Gorch Fock sien Beuker uns al so lang geben hebbt: Freid an de Seefoahrt un Moot för't ganze Leben! Gorch Fock hett güstern Geburtsdag hatt. Achtunsöbentig Joahr wür he nu al worden. Ober wi seeht em in Gedanken noch jümmer so – as he van uns afgohn is: mit sößundörtig Joahr, mit blanke Oogen un mit nokte Bost, – de Marinermütz son beeten in'n Nacken! "So lang ick noch leben doo," hett he mol segt, "so lang will ick ook noch lachen!"

Gorch Fock, wi dankt di noch mol för allns, wat du uns segt un schreben hest! Un wünscht dien nee' Schipp un all sien Lüd – för alle Reisen un för alle Tied gooden Wind un goode Foahrt!

Ulli Kinau: "Boben dat Leben steiht de Doot.
Ober boben den Doot steiht wedder dat Leben!"

Ick däup di up den Nom "Gorch Fock"!

Segelschiffe

Sie haben das mächtige Meer unterm Bauch
Und über sich Wolken und Sterne.
Sie lassen sich fahren vom himmlischen Hauch
Mit Herrenblick in die Ferne.

Sie schaukeln kokett in des Schicksals Hand
Wie trunkene Schmetterlinge.
Aber sie tragen von Land zu Land
Fürsorglich wertvolle Dinge.

Wie das im Winde liegt und sich wiegt,
Tauwebüberspannt durch die Wogen,
Das ist eine Kunst, die friedlich siegt,
Und ihr Fleiß ist nicht verlogen.

Es rauscht wie Freiheit. Es riecht wie Welt.
Natur gewordene Planken
Sind Segelschiffe. – Ihr Anblick erhellt
Und weitet unsere Gedanken.

Kinau kannte die Fischerei und Seefahrt und war später Mitarbeiter der Hamburg-Amerika Linie. Er schrieb über das Meer mit dem realistischen Blick von Bord aus, wie es Josef Conrad oder Allan Melville in der angelsächsischen Welt

Die auf Plattdeutsch gehaltene Taufrede (links) *Slg. Blohm + Voss*

Buchumschlag *Professor Dr. Boris Culik, Am Reff 1, 24226 Heikendorf*

taten. Kinau ist in der Skagerrakschlacht beim Untergang des Kreuzers Wiesbaden auf See geblieben und in Schweden begraben. Sein Grabstein trägt die Inschrift »Seefahrt ist Not«. Dass die Nazis die Seebegeisterung Kinaus für ihre Zwecke instrumentalisierten, darf uns Spätgeborenen nicht den Blick dafür verstellen, dass die Realität des Meeres, seine Chancen und seine Gefahren unser Leben beeinflussen. Insofern ist auch Johann Kinau keineswegs unmodern, sondern wie ein erhobener Zeigefinger von zeitloser Bedeutung. Der Namensgeber und das nach ihm benannte Schiff haben da etwas gemeinsam. Sie stehen für ein positives realistisches Meeresbewusstsein, wie es in Kiel schon immer gelebt und gepflegt wurde und heute zum Glück auch in Deutschland erkennbar wird.

Das maritime Kiel

Wenn man in Kiel im Heimathafen der Gorch Fock über maritime Themen spricht, hat man kurze Wege, denn in seltener Dichte finden sich hier alle deutschen Meeresinteressen auf engstem Raum repräsentiert[10], wie ein Rundblick vom Kieler Landeshaus aus zeigt. Im Umkreis von wenigen Kilometern befinden sich:

- das Institut für Weltwirtschaft (IfW), gegründet 1914 als Königliches Institut für Seeverkehr und Weltwirtschaft,
- der Olympiahafen von 1936 und daneben der über 125 Jahre alte Kieler Yacht Club (KYC); weiter im Norden der Olympiahafen von Schilksee,
- das Hotel Maritim am Standort des früheren Hotels Bellevue, wo im 19. Jh. Friedrich Gottlieb Klopstock und Clara Schumann als Pioniere Urlaub an der See machten,
- der Diederichsen-Park, wo die damaligen Eigentümer von Haus Forsteck im 19. und frühen 20. Jahrhundert die Meereskunde und die Schifffahrt prägten und förderten,
- der Marinestützpunkt Kiel-Wik, der zum modernsten seiner Art ausgebaut wird,
- der Nord-Ostsee-Kanal, international als Kiel Canal bekannt, wo sich die Ostseeschifffahrt konzentriert,
- in Holtenau ein kleiner Flugplatz mit großer Vergangenheit, denn dort haben die Marineflieger ihren Ursprung,
- in Friedrichsort die Lindenau Werft als Schmiede der Doppelhüllentanker und die Schiffbau-Zulieferindustrie,
- auf dem gegenüberliegenden Ufer zwei Ehrenmale der Marine, die mit großem Ernst in die Vergangenheit weisen,

10 Vgl. hierzu: Uwe Jenisch, Kiel maritim – mit Jules Verne und Albert Einstein in die Zukunft, Kiel 2005, 84 S.

- daneben der Ostuferhafen und eine Großwerft, wo Seetransport und modernster Schiffbau dominieren,
- im Innenhafen die Terminals für Kreuzfahrer und große Fähren
- und schließlich im gesamten Stadtgebiet die vielen Betriebe der maritimen Zulieferindustrie, allen voran die Schiffsmotorenhersteller Caterpillar MaK und die Firma Raytheon Anschütz, wo Albert Einstein vor 80 Jahren am Kreiselkompass mitwirkte.

Von zentraler Bedeutung, weit über Kiel hinaus, ist das »Leibniz-Institut für Meereswissenschaften IfM/GEOMAR«, das 2004 aus der Zusammenlegung des Instituts für Meereskunde und des Instituts für Marine Geowissenschaften GEOMAR entstand. Das neue IfM/GEOMAR beschäftigt rund 400 Mitarbeiter und bearbeitet Themen übergreifend und weltweit alle wissenschaftlichen Disziplinen des Meeres und seines Untergrundes. In dieser Kompaktheit zählt das Leibniz-Institut zu dem kleinen Kreis der international führenden Institute. Im Jahre 2005 kamen das Thema Tsunami-Warnsystem für die Zusammenarbeit im Indischen Ozean, ein Kooperationsvertrag mit Südkorea zur Erforschung der Gashydrate sowie die Gründung eines »Zentrums für marine Wirkstoffforschung« hinzu.

Im Zusammenwirken von Kieler Universität und IfM/GEOMAR wurde das Kieler Exzellenzcluster »Ozean der Zukunft«[11] im Oktober 2006 in die Förderung der Spitzenforschung aufgenommen und darf mit insgesamt rd. 35 Mio. € zusätzlichen Fördermitteln rechnen. Es handelt sich um ein Vorhaben der gesamten Kieler Universität, denn das Seerecht, die Weltwirtschaft, die Medizin und die Meereskunde wirken zusammen. Die forschungspolitisch wichtigen wissenschaftlichen Fragestellungen des Clusters, die aktuelle Ausrichtung auf den Klimaschutz und die zusätzlichen Finanzmittel bieten die Chance für Kiel, sich als Meeresuniversität dauerhaft zu behaupten.

Das Ergebnis zeigt: Kiel bietet alle Meeresinteressen in bester Qualität. Das erkennt man schon am Kieler Wappen: das Schauenburger Nesselblatt auf rotem Grund, darauf ein Schiff mit vier Köpfen, die über der Reling schauen. Kiel ist also gut aufgestellt und mit der Exzellenzclusterförderung durch Berlin wird dies bestätigt. Dasselbe gilt für das Land Schleswig-Holstein, umgeben von Nordsee, Ostsee und Elbe. Mit seiner Universität am Meer, Schifffahrtslinien und Werften verfügt es über einen beachtlichen Standortvorteil in Deutschland.

Das maritime Deutschland

Aber wie steht es mit den Deutschen insgesamt? Werden diese Zusammenhänge und die daraus sich ergebenden Chancen und Risiken im erforderlichen Umfange erkannt? Die Antwort darauf ist vielschichtig, aber durchaus positiv, denn in den vergangenen Jahrzehnten hat sich Deutschland auf vielen Gebieten dem Meer zugewandt. Schifffahrt, Meeresforschung und Marine erfreuen sich eines durchgängigen, wenn auch etwas oberflächlichen Wohlwollens, aus dem sich langsam ein besonderes Meeresbewusstsein entwickelt. Andere Staaten wie England, Norwegen oder die Niederlande haben es als »geborene« Seestaaten leichter, da sie seit Generationen von und mit dem Meer leben.

11 Cluster of Excellence. The Future Ocean, proposal, Kiel 2006.

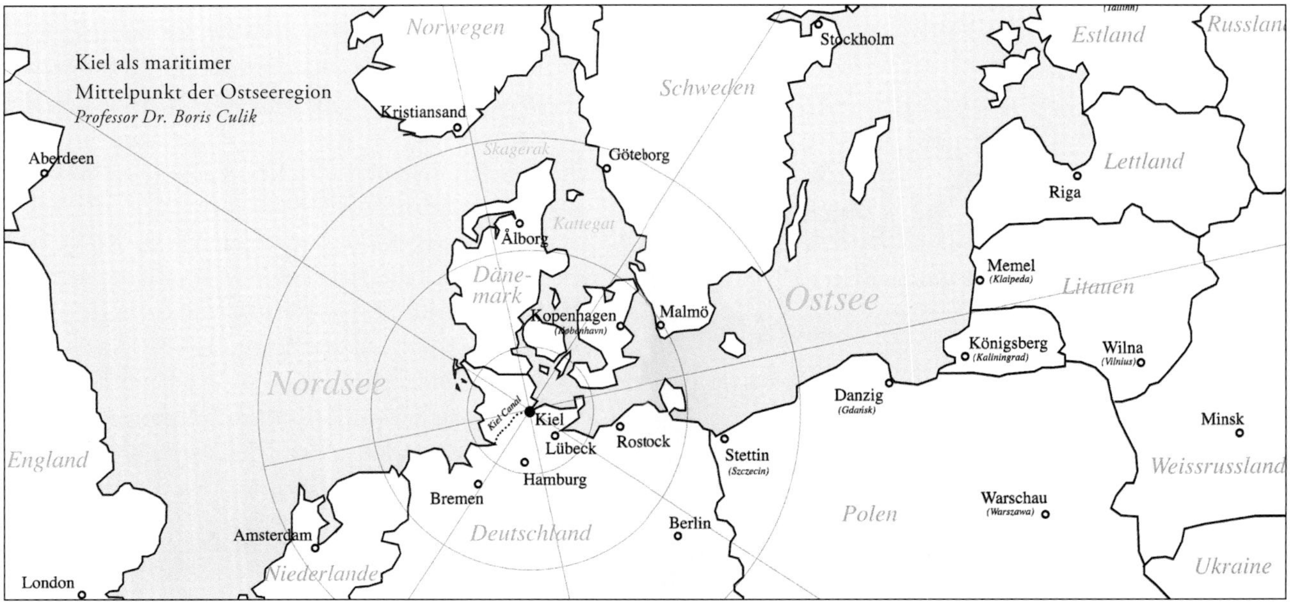

Kiel als maritimer Mittelpunkt der Ostseeregion
Professor Dr. Boris Culik

An der schicksalhaften Bedeutung der Meere, die 71 % dieses Planeten bedecken, besteht kein Zweifel. Im Zeitalter des Klimawandels, der Globalisierung, des Internets und der Terrorismusgefahren sind die Meere der Erde gleichzeitig Forschungsschwerpunkt, Transportweg, Rohstoffquelle und Krisenszenario. Klimawandel ist Meereswandel, denn das Meer spielt die zentrale Rolle, indem es den größten Teil der Erwärmung der Erdoberfläche und das Schmelzwasser der polaren Eiskappen aufnimmt und zugleich die Wetterküche der Erde ist.[12] Rund 70 % des Sauerstoffs der Erdatmosphäre wird im Meer erzeugt. Die Meere enthalten 97 % der globalen Wassermassen als Salzwasser, während die restlichen 3 % Süßwasser eine knappe Ressource sind, wegen der Kriege zu befürchten sind.

Das Meer ist ein gewaltiger Wirtschaftsraum mit Wachstumschancen in unterschiedlichsten Bereichen, wobei Schifffahrt und Schiffbau sowie die Offshore-, Öl- und Gasindustrie noch den Löwenanteil repräsentieren, während andere – auch nachhaltige – Nutzungsarten hinzukommen. Der weltweite Gesamtumsatz der maritimen Wirtschaft wird auf 1.200 Mrd. Euro pro Jahr geschätzt. Er steigt kontinuierlich. Diese Angaben zeigen, dass ein *ozeanisches Jahrhundert* begonnen hat, in dem die Erforschung, die Nutzung und der Schutz der Meere bewältigt, Ordnung und Frieden auf See erhalten und der Klimawandel beherrscht werden müssen.

Die Antinomie zwischen Land und Meer ist aufgehoben, wie Carl Schmitt schon 1944 in seiner brillanten Schrift »Land und Meer« feststellen konnte[13]. Die Erde ist ein einheitliches geschlossenes System. Andere Norddeutsche, wie Theodor Storm und Thomas Mann, begeisterten sich zwar auch für das Meer, zogen es aber vor, vom sicheren Deich oder dem komfortablen Strandkorb aus der See zu huldigen. Mit Thomas Mann *lieben* die Deutschen das Meer – freilich in der Regel nur vom Strande aus. Zur Ehrenrettung der Dichterfamilie Mann ist an dieser Stelle an die Mann-Kinder Golo und Elisabeth zu erinnern, die beide auf ihre Art Meeresbewusstsein eingefordert haben. So hat der Historiker Golo Mann 1975 in einem berühmten Vortrag im Bremer Tabakskollegium über »Die Deutschen und das Meer«[14] das kontinentale Denken in einem »Land der Mitte« kritisiert und zugleich festgestellt: »Man kann das Meer nicht mehr sich selbst überlassen.« Seine Schwester Elisabeth Mann-Borgese hat seit den 1970er-Jahren die Neuordnung des internationalen Seerechts unermüdlich mit eigenen Konferenzen, Vorträgen und Büchern sowie als Beraterin der österreichischen Seerechtsdelegation mitgestaltet.[15] Sie gehört zu den Architekten des neuen UN-Seerechtsübereinkommens von 1982 und wird zu Recht als »ocean lady« verehrt, die auch der Ostsee stets verbunden war.[16] Mit der 28. Pacem-in-Maribus-Konferenz vom Dezember 2000 in Hamburg gelang Elisabeth Mann-Borgese kurz vor ihrem Tod eine eindrucksvolle Bilanz des neuen Seerechts.[17] Seit 2006 vergibt die Landesregierung Schleswig-Holstein den Elisabeth-Mann-Borgese-Preis, um diese Zusammenhänge zu würdigen und wach zu halten.

Für die Deutschen war das Meer in der Vergangenheit selten schicksalbestimmend und damit bewusstseinsbildend. Ein Blick in die Geschichte zeigt, dass sich die Meeresabhängigkeit in den letzten hundert Jahren immer stärker ausprägte, wobei sich positive Erfahrungen wie Seehandel, Meeresforschung und Meerestechnik und negative Erfahrungen wie zwei zur See verlorene Weltkriege, Meeresverschmutzung und Schiffsuntergänge im Bewusstsein der Menschen gegenüberstehen.

Völker haben Lebensgeschichten wie Menschen. Für Deutschland gilt im Ergebnis eine überwiegend kontinentale Überlieferung und Atmosphäre im politischen und gesellschaftlichen Handeln, die als nationaler Charakterzug seit Jahrhunderten in einem Volk fortwirkt, das in der Mitte Europas mit vielen angrenzenden Nachbarstaaten zu Hause ist. In erster Linie diktiert die geografische Lage die Seeinteressen eines Staates. Wer im Zentrum eines Kontinents sitzt, ist kontinental. Die relativ kurzen Küsten Deutschlands mit rund 1.000 km Länge in Nordsee und Ostsee, zwei Randmeeren des Atlantiks, bieten zunächst nur eine »Rücksitzposition«, die die norddeutschen Hansestädte als Vermittler zur See nach Kräften genutzt haben. Obwohl der Bund der Hanse nur von Mitte des 12. bis Ende des 16. Jahrhunderts prägend wirkte, pflegen und verkörpern die Hansestädte bis heute das vorhandene maritime Erbe Deutschlands und leiten daraus ein erhebliches und berechtigtes Selbstbewusstsein ab.

Beim maritimen Denken und Handeln geht es um eine geistige Kategorie, die langfristig angelegt ist. Maritimes Bewusstsein lässt sich nicht künstlich schaffen, improvisieren oder von der Politik herbeireden. Es muss als Wesenseigenschaft über Generationen wachsen, um tragendes Element zu werden. Die Bundesrepublik Deutschland hat seit ihrer Gründung eine maritime Dimension allein durch ihre Einbindung in die

12 IPCC Bericht 2007

13 Carl Schmitt, Land und Meer, eine weltgeschichtliche Betrachtung. Reclam 1944, S. 76.

14 Golo Mann, Die Deutschen und das Meer. In: Wolfgang Graf Vitzthum (Hrsg.), Die Plünderung der Meere – Ein gemeinsames Erbe wird zerstückelt. Frankfurt a. M. 1981, S. 35–48; Uwe Jenisch, Deutschland und das Meer – Über »Seetiere« und »Landtiere«, MARINEFORUM 1987, S. 246–251.

15 Elisabeth Mann Borgese, Mit den Meeren leben. dreiviertel Verlag Hamburg, 1999, 320 S.

16 Als Kind in den Ferien in Nidden, in späteren Jahren zu persönlichen und fachlichen Kontakten in Kiel und allzeit eine große Freundin des Lübecker Marzipans.

17 Peter Ehlers, Elisabeth Mann Borgese, Rüdiger Wolfrum (Hrsg.), Marine Issues – From a Scientific, Political and Legal Perspective. Kluwer Law International, The Hague/London/New York, 2002, 334 S.

Die weit verbreitete Postkarte mit der Gorch Fock beim Passieren des Marine-ehrenmals Laboe bildete die Grundlage für die Gestaltung der 10-DM-Banknote (verkleinerte Abbildung)

westliche Demokratien, in das Atlantische Bündnis der NATO und die Europäische Union. Die führende Rolle im Welthandel als Industrienation und Rohstoffverbraucher zwingen zum Blick seewärts.

Das Atlantische Bündnis umspannt einen ganzen Ozean von Küste zu Gegenküste. Die Europäische Union verfügt über eine Küstenlänge von 68.000 km und besteht geografisch aus einer Gruppe von Inseln und Halbinseln am westlichen Rand der eurasischen Landmasse vom Polarkreis bis nach Zypern. Die EU der 27 Staaten ist der größte Block im System des Welthandels und betreibt ca. 40 % der Welthandelsflotte. In den 1.200 Häfen der Gemeinschaft wird jährlich rund die Hälfte des Weltseeverkehrs umgeschlagen. Deutschland ist in der EU der größte Industriestaat mit nahezu 100 % Importabhängigkeit bei Rohstoffen. Selbst beim Fischverbrauch liegt die Importquote bei 75 %. Deutschland ist wie kein zweites Industrieland in die Weltwirtschaft eingebunden und damit von Meeresnutzungen direkt oder indirekt abhängig. Die Wiedervereinigung brachte das maritime Potenzial der DDR mit Häfen, Schiffen und Werften hinzu und verstärkte zugleich die Ausrichtung auf die Ostsee. So ist das wiedervereinigte Deutschland mit der Verankerung in EU und NATO ein seeabhängiger Staat, wobei die maritime Ausrichtung ständig an Bedeutung zulegt. Zugleich gewinnt Deutschland erhebliches internationales Gewicht und damit neue Verantwortung in Europa, im Bündnis und im Verhältnis zur Dritten Welt. Die Politik zieht mit, denn seit 2000 gibt es den Koordinator der Bundesregierung für die maritime Wirtschaft. Die Brüsseler Kommission der Europäischen Gemeinschaften hat mit starker Unterstützung – auch aus Kiel – seit 2006 die europäische Meerespolitik angestoßen.

Zusammenfassend überrascht die Breite der Meeresinteressen, zu denen last but not least die wichtigen Sicherheits- und Verteidigungsthemen zählen, die die Marine wahrnehmen muss. Eine erfolgreiche Volkswirtschaft ist nur in einer Industrienation möglich, die innovative Produkte von der Grundlagenforschung über die angewandte Forschung bis zur industriellen Produktion entwickelt, produziert und weltweit vermarktet.[18] Untrennbar mit den handfesten maritimen Interessen verbunden sind Wissenschaft, Kultur und Politik sowie Entwicklungshilfe und internationale Zusammenarbeit. So sind die maritimen Interessen das »Scharnier« für die internationale Einbindung Deutschlands in die Welt. Aber es geht auch um größere gesellschaftspolitische Zusammenhänge unserer gemeinsamen Verantwortung für neue Arbeitsplätze, Energie und Ressourcen, Umwelt- und Klimaschutz, Sicherheit und um den verantwortungsvollen Umgang mit dem Meer.

An diese Zusammenhänge erinnert uns die GORCH FOCK auf ihre ganz besondere Art. Auch deshalb wünschen wir ihr weiterhin frischen Wind und gute Fahrt.

18 So die zutreffende Formulierung von Dirk Lindenau anlässlich der Präsentation des »Maritimen Forums Kiel« 2004.

Die 1916–1920 bei Blohm + Voss gebaute Viermastbark PRIWALL umrundete 1939 letztmalig Kap Hoorn. Das Gemälde von Johannes Holst aus dem Jahr 1929 zeigt den Segler in schwerem Wetter bei Windstärken 7 bis 8. *Slg. Peter Tamm*

Vom Frachtsegler zum Segelschulschiff

Der stählerne Rahsegler als technischer Höhepunkt des frachttragenden Segelschiffes

Seit dem Sommer 2000 kreuzt, neun Jahrzehnte nach der Strandung des Fünfmastvollschiffes PREUSSEN, ein neuer Rahsegler dieses Typs die Meere. Mit dem Fünfmaster ROYAL CLIPPER, der wie sein legendäres Vorbild mehr als 5.000 m² Segel an seinen rahgetakelten Masten entfalten kann und dieses auch um nahezu 10 m Schiffslänge übertrifft, hat sich der schwedische Reeder Mikael Krafft durchaus einen Jugendtraum erfüllt, wie er glaubhaft der Öffentlichkeit versichert. Dennoch, mit dem 60-Millionen-Objekt wird nicht als nostalgische Renaissance des Segelschiffes ein Verkehrssystem der vorindustriellen Wirtschaft realisiert, der neue Fünfmaster muss sich auch wirtschaftlich rechnen.

Mit den seit 1991 und 1992 in Fahrt gebrachten modernen Schonerbarken STAR FLYER und STAR CLIPPER verfügt Mikael Kraffts Reederei Star Clippers nunmehr über ein kleines Geschwader von Großseglern, die offenbar wirtschaftlich erfolgreich als Kreuzfahrtschiffe eingesetzt werden. Dabei lassen sich die luxuriöse Innenausstattung und das Faszinosum des Segelns gut vermarkten. Durch die nach klassischem Vorbild gestalteten, jedoch voll mechanisierten und aus modernsten Werkstoffen gebauten Takelagen sind Segelmanöver einfacher und schneller ausführbar als mit den Rahtakelagen herkömmlicher Bauweise. Ebenfalls ist ihre Pflege und Instandhaltung arbeitssparender.

Die Nutzung der Windenergie bringt eine durchaus respektable Kostenersparnis, wenn man Folgendes bedenkt: Die Reisen des Segelschulschiffs GORCH FOCK werden unter Zugrundelegung eines Erfahrungswertes geplant, wonach das Schiff bei einer Geschwindigkeit von 4 kn ein Reiseziel nur unter Segeln mit einer Wahrscheinlichkeit von immerhin 50 Prozent pünktlich erreicht. In den übrigen 50 Prozent kommt das Schiff entweder zu früh an, wobei dann noch einige Kreuzschläge gesegelt werden können, oder man erreicht den Zielhafen zur vorgegebenen Zeit mit Hilfe des »eisernen Toppsegels«, d.h. mit der Hilfsmaschine. Für die Reisen der Kreuzfahrtschiffe der Reederei Star Clippers dürften ähnliche Verhältnisse anzunehmen sein.

ROYAL CLIPPER ist ein neues Fünfmastvollschiff der Reederei »Star Clippers« des schwedischen Reeders Mikael Krafft, das seit 2000 als Kreuzfahrtschiff in Fahrt ist. *Wikipedia Engelberger*

Eine Analyse des Transportsystems Segelschiff

In rund 5.000 Jahren Kulturgeschichte war das Segelschiff das einzige maritime Verkehrsmittel zur Überwindung auch größter Distanzen über See. Als typisches Verkehrssystem des vorindustriellen Zeitalters erfuhr es erst seit der Mitte des 19. Jahrhunderts eine wesentliche Leistungssteigerung. Dies vor allem an der Wende vom 19. zum 20. Jahrhundert in Deutschland, wo es seinen technischen Höhepunkt in Gestalt der großen stählernen Viermastbarken erreichte, wie beispielsweise die heute noch in Fahrt

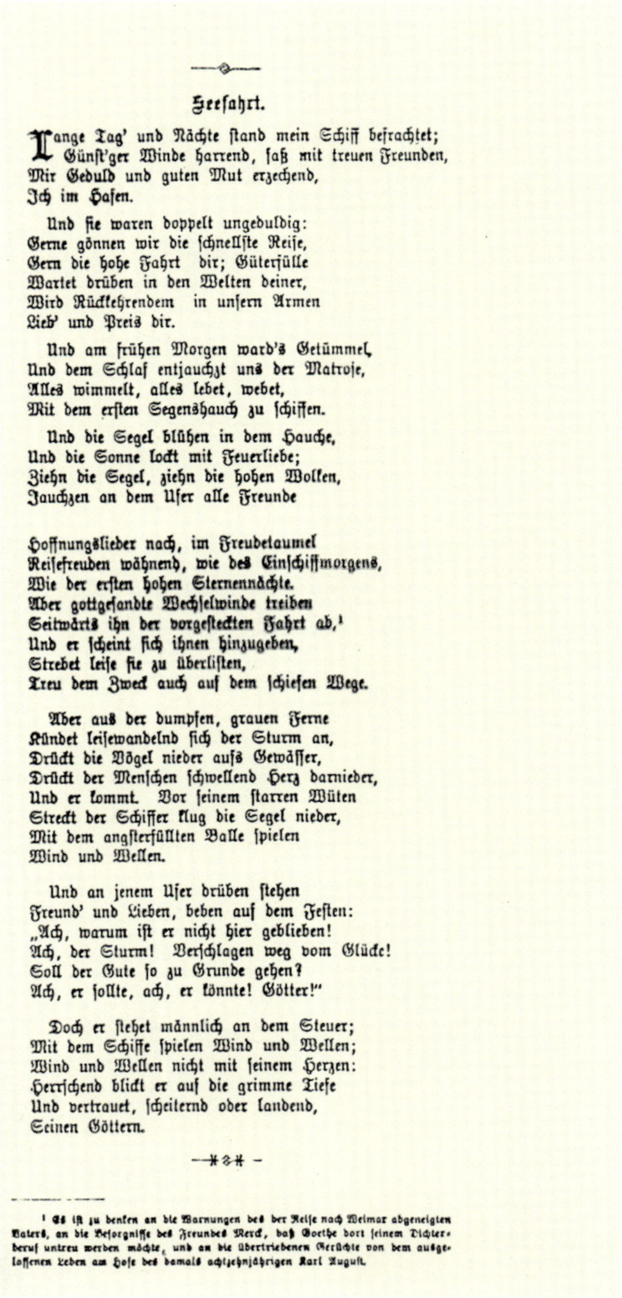

Seefahrt.

Lange Tag' und Nächte stand mein Schiff befrachtet;
Günst'ger Winde harrend, saß mit treuen Freunden,
Mir Geduld und guten Mut erzechend,
Ich im Hafen.

Und sie waren doppelt ungeduldig:
Gerne gönnen wir die schnellste Reise,
Gern die hohe Fahrt dir; Güterfülle
Wartet drüben in den Welten deiner,
Wird Rückkehrendem in unsern Armen
Lieb' und Preis dir.

Und am frühen Morgen ward's Getümmel,
Und dem Schlaf entjauchzt uns der Matrose,
Alles wimmelt, alles lebet, webet,
Mit dem ersten Segenshauch zu schiffen.

Und die Segel blühen in dem Hauche,
Und die Sonne lockt mit Feuerliebe;
Ziehn die Segel, ziehn die hohen Wolken,
Jauchzen an dem Ufer alle Freunde

Hoffnungslieder nach, im Freudetaumel
Reisefreuden wähnend, wie des Einschiffmorgens,
Wie der ersten hohen Sternennächte.
Aber gottgesandte Wechselwinde treiben
Seitwärts ihn der vorgesteckten Fahrt ab,[1]
Und er scheint sich ihnen hinzugeben,
Strebet leise sie zu überlisten,
Treu dem Zweck auch auf dem schiefen Wege.

Aber aus der dumpfen, grauen Ferne
Kündet leisewandelnd sich der Sturm an,
Drückt die Vögel nieder aufs Gewässer,
Drückt der Menschen schwellend Herz darnieder,
Und er kommt. Vor seinem starren Wüten
Streckt der Schiffer klug die Segel nieder,
Mit dem angsterfüllten Balle spielen
Wind und Wellen.

Und an jenem Ufer drüben stehen
Freund' und Lieben, beben auf dem Festen:
„Ach, warum ist er nicht hier geblieben!
Ach, der Sturm! Verschlagen weg vom Glücke!
Soll der Gute so zu Grunde gehen?
Ach, er sollte, ach, er könnte! Götter!"

Doch er stehet männlich an dem Steuer;
Mit dem Schiffe spielen Wind und Wellen;
Wind und Wellen nicht mit seinem Herzen:
Herrschend blickt er auf die grimme Tiefe
Und vertrauet, scheiternd oder landend,
Seinen Göttern.

[1] Es ist zu denken an die Warnungen des der Reise nach Weimar abgeneigten Vaters, an die Besorgnisse des Freundes Merck, daß Goethe dort seinem Dichterberuf untreu werden möchte, und an die übertriebenen Gerüchte von dem ausgelassenen Leben am Hofe des damals achtzehnjährigen Karl August.

Johann Wolfgang von Goethe: Seefahrt *Slg. Walle*

befindliche und vielfach bewunderte Krusenstern, die 1926 als Padua vom Stapel gelaufen ist.

Trotz einer kaum noch überschaubaren Zahl von Darstellungen über die Rahsegler des 19. und frühen 20. Jahrhunderts gibt es bisher keine detaillierte Analyse des Transportsystems Segelschiff, welche seine wirtschaftlichen, technischen und nautischen Randbedingungen in voller Tragweite berücksichtigt.

Die vorindustrielle Wirtschaft ohne Zeitdruck

Johann Wolfgang von Goethe (1749–1832), Dichterfürst, aber auch Universalgenie, der sich von 1786 bis 1788 auf seiner Italienreise befand, hat seine Eindrücke von einer Seereise von Neapel nach Sizilien in dem Gedicht »Seefahrt« zum Ausdruck gebracht. Er hat darin eine poetische Beschreibung des Transportsystems »Segelschiff« gegeben. Es werden Zustände geschildert, wie sie seit der Antike bis ins Industriezeitalter hinein für die Segelschifffahrt in aller Welt kennzeichnend waren:

Eine völlige Abhängigkeit vom Wind, dessen Gesetzmäßigkeiten noch weitgehend unbekannt waren, bedingten die hohe Zufälligkeit der Transportleistung, deren zeitliche Kalkulation kaum möglich war. Durch lange Wartezeiten auf günstigen Wind war die Produktivität gering. Besonders reizvoll hat Goethe in der 5. Strophe das Aufkreuzen beschrieben. »Treu dem Zweck, auch auf schiefem Wege« dem Reiseziel näher zu kommen war aufgrund der aerodynamisch noch unvollkommenen Takelagen der Schiffe des 18. Jahrhunderts recht beschränkt.

Auch das Ausgeliefertsein an das Wüten der Elemente, wie es in den letzten drei Strophen zum Ausdruck kommt, deren zerstörerischer Gewalt der Kapitän nur durch Bergen der Segel und seinen unerschütterlichen Gleichmut zu begegnen weiß, waren charakteristisch für Zeiten, in denen das »Gesetz der Stürme«, wie die Anwendung des barischen Windgesetzes für Wirbelstürme später genannt werden sollte, unbekannt war.

Zeitfaktor in der Industriewirtschaft

Die im 18. Jahrhundert in England beginnende Industrialisierung führte zu einer steigenden Güterproduktion. Dies hatte zunächst einen erheblichen Anstieg des Bedarfes an Transportleistungen zur Folge, deren gestiegener Umfang aber auch die Abkehr von privilegierten Handelsmonopolen und damit eine Liberalisierung des Handels und Warenaustauschs erforderlich machten. Die Aufhebung der Crommwellschen Navigationsakte von 1651 im Jahre 1819 und des Sundzolls 1857 sowie die Auflösung privilegierter und monopolartiger Handelsorganisationen, wie z.B. die Ostindische Kompanie in England, lassen diese Veränderungen deutlich werden.

Für Verkehrssysteme, die der zunehmend industrialisierten Wirtschaft angepasst sein mussten, kam es nunmehr darauf an, den Zeitfaktor in steigendem Maße beherrschen zu können. Einmal in Form von genau kalkulierbaren Transportzeiten, um der Produktion einen kontinuierlichen Zulauf von Rohstoffen zu gewährleisten, aber auch durch verkürzte Transportzeiten, um durch schnellere Reisen konkurrierenden Mitanbietern zuvorkommen oder um auf mehreren kürzeren Reisen mehr Güter transportieren zu können. »Time is money« wurde zum Grundprinzip aller Verkehrssysteme der industriellen Wirtschaft. Es ergab sich nun auch die Notwendigkeit einer Kapazitätssteigerung der Transportmittel selbst, um das gestiegene Volumen des Güteraustausches bewältigen zu können.

Die seglerischen Parameter

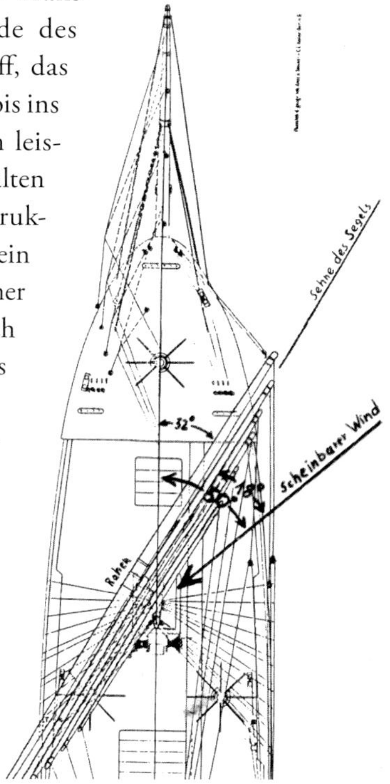

Das wichtigste maritime Transportmittel war bis zum Ende des 19. Jahrhunderts das Segelschiff, das in Gestalt des Rahseglers seine bis ins 20. Jahrhundert unübertroffen leistungsfähigste Ausprägung erhalten hatte. Bedingt durch die Konstruktion seiner Takelage, vermochte ein frachttragender Rahsegler bei einer vorgegebenen Windrichtung sich nur in einem Sektor von 180° bis 190° über Grund zu bewegen.

Umfangreiche Windmessungen und die Auswertung von Trackkarten zeigten, dass auch die heutige Gorch Fock, wie aus den für die Windstärken Bf 3 bis Bf 7 ermittelten Kurven hervorgeht, nur etwa 80° bis 85° am wahren Wind Kurse über Grund anliegen kann. Das sind Werte, die unter besonders guten bzw. optimalen Bedingungen auch kurzfristig bis zu 10° besser sein können, wobei der gemessene Wert 80°–85° für die Ermittlung des Reisefortschritts als realistisch anzusehen ist.

Das Segelschulschiff der Deutschen Marine entspricht in seiner Konstruktion als Rahsegler bezüglich der Dimensionierung seiner Takelage dem Musterbeispiel einer Bark, wie sie der Schiffbauer Friedrich Ludwig Middendorf in seinem 1903 veröffentlichten Werk »Bemastung und Takelung der Schiffe« als Mustervorlage für Werften vorgelegt hatte. Der Rumpf

Die schraffierte Fläche (oben) zeigt die aerodynamisch wirksame Fläche eines klassischen Rahsegels beim Segeln auf Kursen »Am Winde« an. Aufgrund der Abstagungen der Masten ließen sich die Rahen nur bis zu einem Winkel von ca. 32° zur Mittschiffslinie anbrassen, so dass der scheinbare Wind nur ab einem Winkel von etwa 50° zur Mittschiffslinie die Segel wirksam beaufschlagen konnte. *Slg. Walle*

des Schulschiffes mit yachtartig scharfen Linien und hoher Aufkimmung gibt der Gorch Fock mit Sicherheit geringere Abdriftwerte als ein zur Erzielung von möglichst hoher Ladekapazität fülliger gebauter Rahsegler gleicher Größe aus der Zeit um 1900.

Auswertungen zahlreicher Logbücher von Rahseglern des 19. Jahrhunderts, darunter auch eines des berühmten Teeklippers Cutty Sark, ergaben, dass Rahsegler in der Regel nur Kreuzschläge am wahren Wind bis 85°–80° über Grund ausführen konnten. Messungen, wie sie der Verfasser 1978 an Bord der Gorch Fock durchführen lassen konnte, waren erst in der Mitte des 20. Jahrhunderts durch moderne Sensoren und mit Hilfe elektronischer Navigation möglich.

Für die Nautiker der Segelschiffsära war das Segeln auf »halben Winde« ein Erfahrungswert. Selbst die in jüngster Zeit veröffentlichten Erfahrungen von Segeleigenschaften

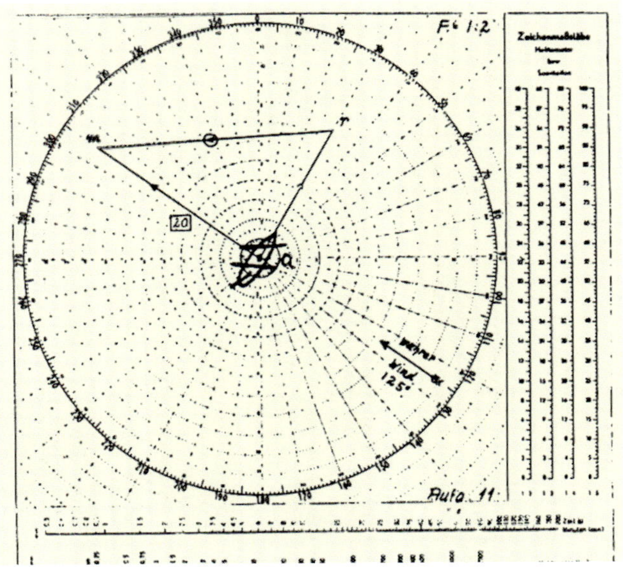

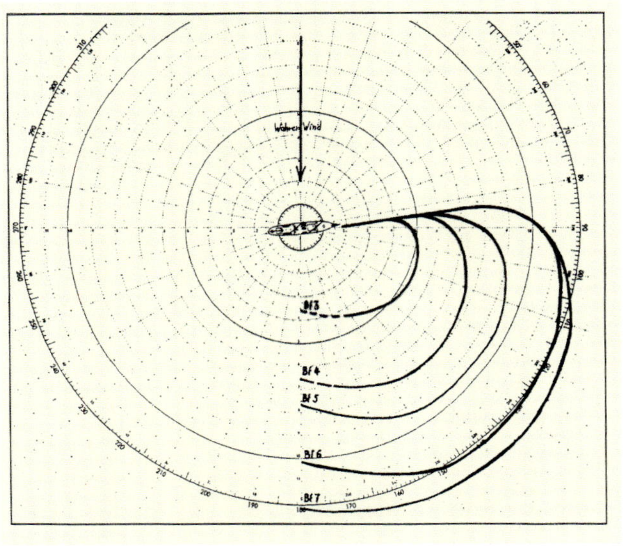

Vektorendreick zum Ausplotten des »Wahren Windes« (oben)

Segeleigenschaften der Gorch Fock. Das Schiff beginnt bei 85° am »Wahren Wind« und unter Einbeziehung der Abdrift sich fortzubewegen und erreichte bei achterlichen Winden einer Windstärke von Bf. 7 die Geschwindigkeit von 12,7 kn.

Slg. Walle

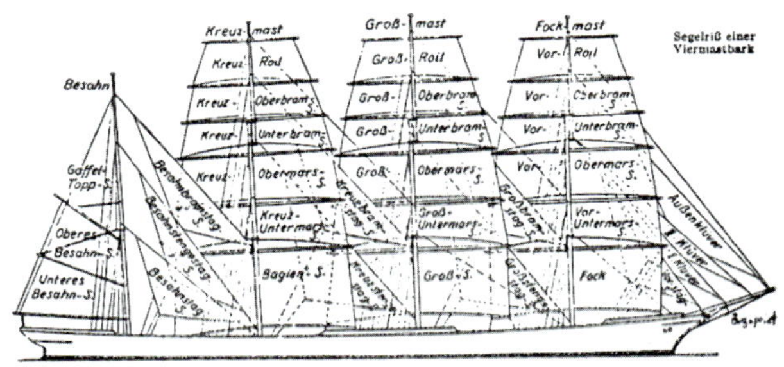

Nomenklatur der Segel, Masten und Rahen einer Viermastbark um 1900

Slg. Walle

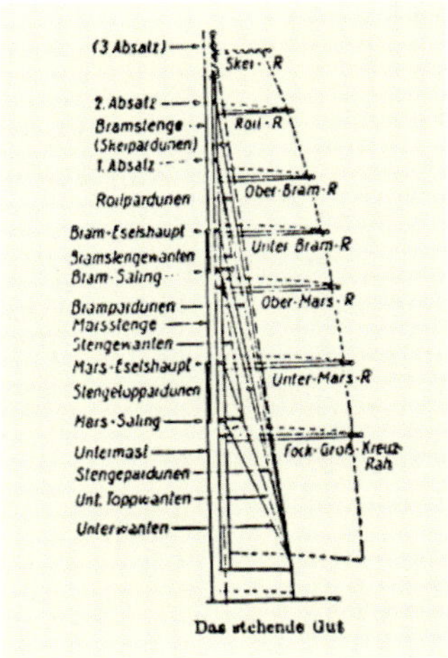

britischer Kommandanten aus der Segelschiffszeit enthalten keine detaillierten Angaben über tatsächliche Am-Wind-Eigenschaften ihrer Schiffe. Hieraus folgt, dass zunächst unabhängig von der unter Segeln erreichbaren Fahrt durchs Wasser, d.h. der Schiffsgeschwindigkeit, die Dauer einer Seereise unter Segeln in entscheidendem Maß davon abhängig war, dass der Segler günstige Winde nach Richtung und Stärke antraf.

Zwar hatte man im 19. Jahrhundert damit begonnen, durch schiffbautechnische Maßnahmen die Geschwindigkeit eines Rahseglers zu steigern, indem man Schiffe mit schärferen Linien baute und die Takelage erheblich vergrößerte. Die auf diese Weise in der Jahrhundertmitte in den USA und in den damaligen 60er-Jahren in England gebauten Klipper waren solche Schnellsegler, deren yachtartige Rumpfform allerdings mit erheblichen Einbußen der Ladekapazität verbunden war. Solche reinrassigen Schnellsegler rentierten sich als regelrechte Spezialtransporter für hochwertige Frachten nur in der kurzen Zeit des Goldrausches in Kalifornien oder für die Teetransporte aus China. Gemessen an den Zahlen der amerikanischen und britischen Segelschiffstonnage dieser Zeit, waren die knapp 100 Kalifornien- und Teeklipper zahlen – und tonnagemäßig eine absolute Minderheit der Handelsschiffe ihrer Zeit. Sie repräsentierten auch keineswegs den Normaltyp eines damaligen Rahseglers. Mit ihrer überdimensionierten Besegelung waren die Klipper hervorragende Flautenläufer, mussten aber bei stärkerem Wind ab Bf. 6 und 7 ihre Segelfläche auf das übliche Maß reduzieren. Die bis in die 20er-Jahre des 20. Jahrhunderts gebauten Rahsegler entsprachen durchaus dem schiffbautechnischen Standard ihrer Zeit. Dabei ging mit dem Übergang zum Eisen- und dann seit den 80er-Jahren des 19. Jahrhunderts zum Stahlschiffbau der Trend dahin, größere Schiffe von erhöhter Ladekapazität zu bauen.

Die stählerne Viermastbark, wie sie zu Beginn des 20. Jahrhunderts auf deutschen Werften ihre größte tech-

Die 1902 gebaute Viermastbark PARMA bei sieben Windstärken vor Kap Hoorn. Gemälde von Roger Chapelet *Slg. Peter Tamm*

nische Vollkommenheit erhielt, sollte der damals wirtschaftlich effektivste Typ des frachttragenden Segelschiffs sein. Rahsegler wie die KRUSENSTERN oder die in Travemünde liegende PASSAT waren ausgesprochene Schwerwetterschiffe. Sie erreichten bei Windstärken Bf. 7 bis 8 ihr seglerisches Optimum und konnten dank ihres stählernen Riggs im Schwerwettergebiet der Kap-Hoorn-Region hervorragende Reiseergebnisse erbringen.

Trotz aller schiffbautechnischen Maßnahmen war ein umfassendes Wissen der anzutreffenden Winde und ihrer jahreszeitlich bedingten Schwankungen wie auch der Meeresströmungen die wichtigste Voraussetzung zur Durchführung schneller Reisen. Bis Anfang des 19. Jahrhunderts waren solche Kenntnisse mehr oder weniger persönliches Erfahrungswissen der Kapitäne, die häufig als Geschäftsgeheimnis behandelt wurden.

Wetterdaten als Grundlage

Mit der Liberalisierung und Ausweitung des Überseehandels setzte nun allmählich ein Umschwung ein, indem seit den 30er-Jahren des 19. Jahrhunderts sowohl mit der systematischen Gewinnung als auch dem internationalen Austausch solcher Erfahrungen und Beobachtungen begonnen wurde. Der Anstoß hierzu kam von dem durch einen Verkehrsunfall bei einer Dienstreise an Land borddienstuntauglich gewordenen Seeoffizier der US-Navy, Matthew Fontaine Maury. Er veröffentlichte 1845 erste Segelanweisungen, die er anhand der Analyse von Tausenden von Wetterbeobachtungen aus Logbüchern als Ergebnis statistischer Auswertung in Form von »mittleren Verhältnissen« von Wind und Meeresströmungen zusammengestellt hatte. Die spektakulären Reiseergebnisse der »Windspiele in der Kalifornienfahrt«, wie der Kapitän und Seeschriftsteller Fred Schmidt diese Klipper genannt hatte, beruhten außer auf ihren konstruktiven Besonderheiten vor allem aber auch in einem größeren Umfang auf der Nutzung dieser Hilfen für die meteorologische Navigation.

Für die Entwicklung der meteorologischen Navigation, mit der das Transportsystem Segelschiff dann den Gipfel seiner Leistungsfähigkeit erreichen sollte, wurde mit der von Maury begründeten systematischen Beobachtung von Witterungserscheinungen auf See nach standardisierten Verfahren der entscheidende Anstoß gegeben. Die von ihm entwickelten Beobachtungsverfahren wurden von allen späteren ozea-

Slg. Walle

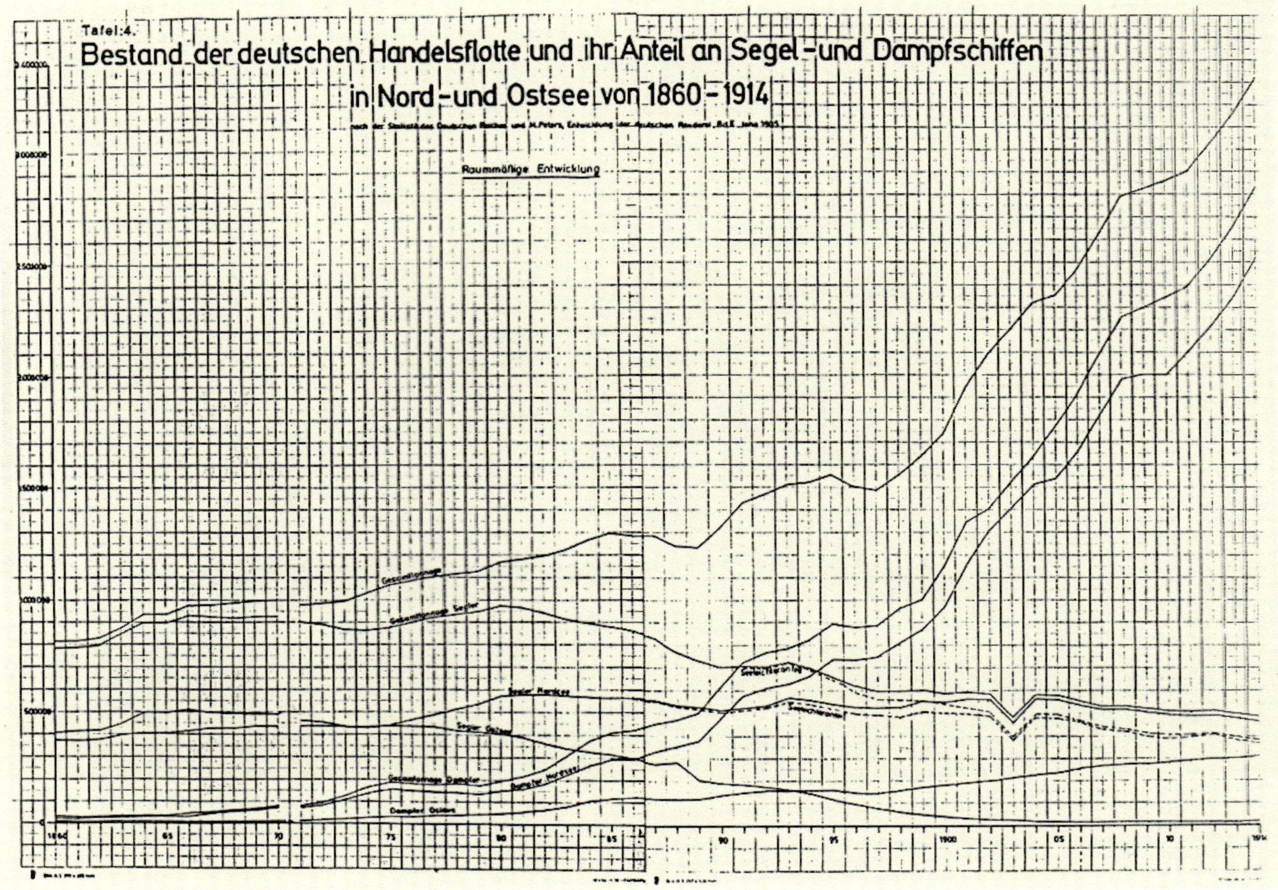

nografisch-meteorologischen Instituten übernommen und weiterentwickelt. Sie sind bis heute im Gebrauch.

Verdrängung durch das Dampfschiff

Da die Mobilität eines Dampfschiffes vornehmlich von seinen Kohlevorräten und der Zuverlässigkeit der Maschinenanlage abhing, konnte es seinen Zielhafen auf direktem Wege ansteuern, was dem Segler oft nur auf Umwegen möglich war. Damit konnte ein Dampfschiff schon in der Mitte des 19. Jahrhunderts auf kurzen Strecken selbst mit geringerer Fahrt durchs Wasser kürzere Reisen durchführen und damit den Zeitfaktor ungleich besser beherrschen als ein Segelschiff; vor allem konnten Dampfschiffe ihre Reisezeit in unvergleichlich höherem Maße vorauskalkulieren und erfüllten damit die Anforderungen eines maritimen Verkehrssystems für die Wirtschaft des industriellen Zeitalters.

Die erhebliche Steigerung der Zuverlässigkeit der Maschinenanlagen und ihrer Wirtschaftlichkeit im Energieverbrauch seit den 80er-Jahren des 19. Jahrhunderts führten zu einem regelrechten Verdrängungsprozess des frachttragenden Segelschiffes. Seit 1883 überwog in Großbritannien die Dampfertonnage die Segelschiffstonnage, seit 1904 gab es mehr britische Dampfer als Segler. In der deutschen Handelsflotte überwog die Dampfertonnage seit 1892 die Segelschiffstonnage.

1871 überwiegen Segelschiffe in der deutschen Handelsflotte

Vom 1. April 1868 an bildeten alle deutschen Handelsschiffe unter der Flagge Schwarz-Weiß-Rot eine »einheitliche Handelsmarine«, wie es Artikel 54 der Bundesverfassung des 1867 gegründeten Norddeutschen Bundes vorsah. Mit dem dann in der Reichsgründung von 1871 erfolgten Zusammenschluss der deutschen Bundesstaaten war im Deutschen Reich ein einheitlicher und großer Wirtschaftsraum entstanden,

Wilhelm Ihno Adolf von Freeden (1822–1894), der Begründer der Norddeutschen Seewarte *Slg. DMI*

Wirklicher Geh. Admiralitätsrat, Professor Dr. Georg Balthasar Ritter von Neumayer (1826–1909), Direktor der Deutschen Seewarte *Slg. DMI*

dessen Überseehandel nun kräftig expandieren konnte.

Aus den unterschiedlichen Angaben über den Umfang der deutschen Handelsflotte ist festzustellen, dass diese 1870 aus rund 5.000 Schiffen zu 1 Mio. BRT bestand, woran der Dampferanteil 126 Schiffe zu 81.000 BRT betrug. Sie stand damals an vierter Stelle der Welthandelstonnage und noch ganz im Zeichen der Segelschifffahrt. Am Überseeverkehr konnten sich aufgrund ihrer Ausrüstung mit einem Chronometer allerdings nur ca. 1.500 Segelschiffe beteiligen, wobei 900 Vollschiffe und Barken den Hauptanteil ausmachten.

Von den Dampfschiffen können nur 88 Schraubendampfer aufgrund ihrer Ausrüstung mit einem Chronometer für den Überseeverkehr geeignet gewesen sein. Schwerpunkt des Überseeverkehrs lag in den Häfen der Nordseeküste, wobei die Hansestädte Bremen und Hamburg eindeutig dominierten.

Das Seemannshaus zu Hamburg, in dem die Norddeutsche Seewarte 1868 errichtet wurde (oben). Das 1881 eingeweihte und 1945 zerstörte Gebäude der Deutschen Seewarte auf dem Stintfang zu Hamburg

Abbildungen: Slg. DMI

Gründung der Seewarte als Maßnahme behördlicher Wirtschaftsförderung

Seit dem 1. Januar 1868 hatte in Hamburg die Norddeutsche Seewarte offiziell ihre Arbeit aufgenommen, die nach dem Vorbild Maurys Handelsschiffskapitänen Routenberatungen anbot, damit diese aufgrund besserer Informationen über Winde und Strömungen kürzere Reisen nach Übersee machen konnten. Dieses erste deutsche nautisch-meteorologische Institut hatte Ihno Adolf von Freeden (1822–1894) aus Norden in Ostfriesland, der 1867 Rektor der Seefahrtsschule Elsfleth war, als privates Institut, wenngleich mit finanzieller Unterstützung der beiden Hansestädte Bremen und Hamburg, gegründet.

Von Freeden, der als Sohn eines Kapitäns und an Partnerreedereien beteiligt die Verhältnisse der Seefahrt bestens kannte, war liberaler Abgeordneter des Bundes – und später des Reichstages. Im Sinne liberaler Handelspolitik strebte er eine staatliche Förderung der seit den damaligen 60er-Jahren immer mehr nach Übersee ausgreifenden deutschen Schifffahrt an. Die Seewarte sollte nach seinen Vorstellungen die Keimzelle für ein späteres Seefahrtsministerium als Ressort einer Reichsregierung sein. Nicht durch dirigistische Eingriffe in die freie Wirtschaft, sondern durch Optimierung der Randbedingungen, Anbieten von Dienstleistungen und Know-how sollte die Schifffahrt gefördert werden.

Nach der Reichsgründung wurde die Norddeutsche Seewarte dann per Reichsgesetz vom 26. Dezember 1875 als Deutsche Seewarte vom Reich übernommen und der damals einzigen Reichsinstitution, der Kaiserlichen Marine, unterstellt. Als neuer Leiter fungierte bis 1903 Dr. Georg Balthasar von Neumayer (1826–1909), der aus Kirchheimbolanden in der Pfalz stammte und 1900 geadelt wurde. Unter seiner überaus tatkräftigen Leitung entwickelte sich die Seewarte zu einem effizienten außeruniversitären wissenschaftlichen Institut mit einem stetig sich erweiternden Tätigkeitsbereich, das auf eine Gratwanderung zwischen praktischer Anwendung und wissenschaftlicher Forschung angelegt war.

Durch die nach dem Vorbild Maurys begonnene und dann systematisch erweiterte erfolgreiche Heranziehung von Nautikern zur Beschaffung von wissenschaftlich verwertbarem Beobachtungsmaterial hatte man eine Methode des »Gebens und Nehmens« angewandt, indem den Kapitänen der deutschen Handelsflotte durch persönliche Beratung und dann durch die zahlreichen Publikationen der Seewarte praktisch verwertbare Navigationshilfen an die Hand gegeben wurden. Davon waren die Segelhandbücher für den Atlantischen, den Indischen und den Stillen Ozean, die in den Jahren von 1885 bis 1897 erstmalig erschienen, die bedeutendsten. Sie kamen vor allem den Führern der deutschen Segelschiffe zugute.

Das barische Windgesetz als Navigationshilfe

Es hatte sich inzwischen bestätigt, dass je umfassender die Kenntnis von Winden und Strömen der Weltmeere war, umso kleiner konnten die aufgrund der Segeleigenschaften bedingten Umwege gehalten oder Gebiete günstigerer Winde aufgesucht werden. Die Erfolge der ersten größeren statistischen Auswertung von Beobachtungen auf See durch Maury, der in seinen »Wind and Current Charts« und den Segelanweisungen sog. Mittelwerte von den zu erwartenden Winden veröffentlichte, hatten gezeigt, dass auf diesem Wege fortschreitend eine Abkürzung der Reisezeiten für Segelschiffe erreichbar war. Wilhelm von Freeden hatte die Methoden des Sammelns und Auswertens von Beobachtungen auf See nach Maurys Vorbild übernommen und weiterentwickelt. Durch die Kenntnis der Gesetzmäßigkeiten von der Bewegung der Winde, wie sie im »barischen Windgesetz« erstmalig von dem Niederländer Christoph Heinrich Buys-Ballot (1817–890) formuliert worden waren, stand den Kapitänen ein weiteres Hilfsmittel für die meteorologische Navigation zur Verfügung.

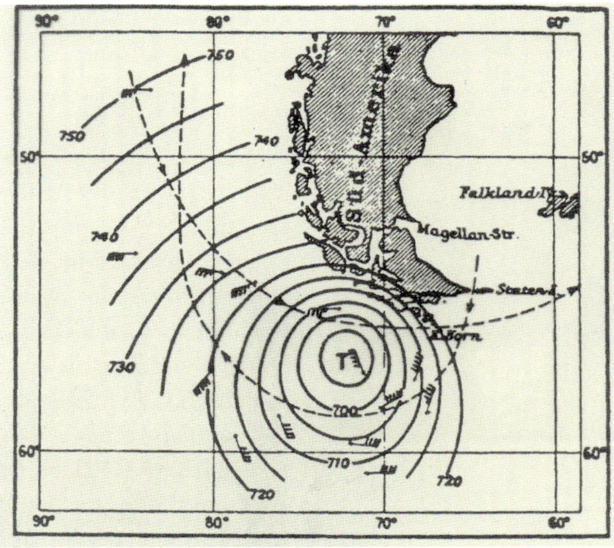

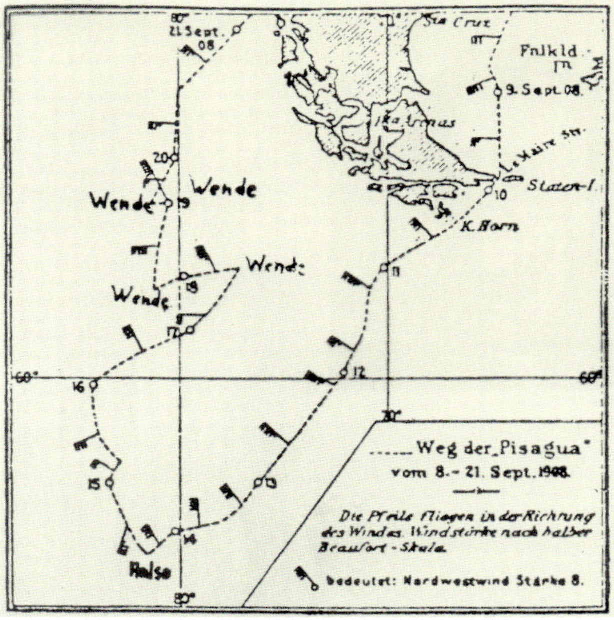

Nach Osten ziehendes Sturmtief vor Kap Hoorn (oben)
Aus: Gerhard Schott, Die Geographie des Atlantischen Ozeans
Anwendung der Kenntnis eines solchen Sturmtiefs zur Umrundung von Kap Hoorn in westlicher Richtung
Aus: Annalen der Hydrographie u. Maritimen Meteorologie 1910

Sie waren nun in der Lage, Windsysteme, wie Hoch- und Tiefdruckgebiete, zum schnelleren Erreichen des Reiseziels auszunutzen.

Die Navigationshilfen, welche die Seewarte in ihren Publikationen herausgab, waren eine Synthese aus den Ergebnissen der Klimatologie, wie sie in Auswertung des von den Kapitänen erhaltenen Beobachtungsmaterials erarbeitet waren, und aus dem Forschungsstand von Meteorologie und

»Festmachen der Fock im Sturm« an Bord des 1891 gebauten Vollschiffes Posen. Rechts oben: »Beigedreht in orkanartigem Sturm«
Unten: »Rollt in hoher See«

Alle aus: Franz Graf von Larisch, Sturmsee und Brandung

Ozeanografie. Damit wurden Anleitungen gegeben, aus der Veränderung der beobachteten Witterungserscheinungen in Kombination mit den klimatologischen Angaben Gesamtwetterlagen zu konstruieren, die für die Wahl eines geeigneten Kurses als Entscheidungsgrundlage dienen sollten.

Etwa 15 bis 17 Jahre Anlaufzeit brauchte das 1868 gegründete Institut, bis es einen größeren Prozentsatz der deutschen Segelschiffe zur Mitarbeit an der Gewinnung von Wetterbeobachtungsdaten gewinnen und auch bezüglich der Navigation beeinflussen konnte. Von Freeden hatte auch hier die entscheidenden Schritte unternommen, indem es ihm gelang, schon von Anfang an das Interesse der bedeutendsten Reedereien für die Seewarte und für die Mitarbeit am Beobachtungswerk zu gewinnen. Es dauerte aber dennoch so lange, bis eine neue Generation von Nautikern herangewachsen war, die infolge der Änderung der Ausbildungsvorschriften schon an der Seefahrtsschule die Grundlagen und Bedeutung der meteorologischen Navigation erlernt hatte.

Eine quantitative Aussage über die mit Hilfe der Seewarte ermöglichte Leistungssteigerung ist nicht möglich. Dennoch zeigt eine Auswertung der Quellen, dass ungefähr die Mehrheit der deutschen Segelschiffskapitäne seit den 80er-Jahren mit der Seewarte zusammenarbeitete und dass die von der Seewarte empfohlenen Routen auch abgesegelt wurden. Die Publikationen des Instituts lassen aber eine deutliche Entwicklung zu einer Reisezeitverkürzung erkennen, wobei in sehr vielen Einzelfällen überdurchschnittlich gute Ergebnisse erbracht werden konnten.

Unmöglichkeit der Vorausberechenbarkeit von Ankunftszeiten

Trotz der durch die Seewarte ermöglichte Leistungssteigerung war der Niedergang der Segelschifffahrt nicht mehr aufzuhalten. Betrachtet man die Entwicklung der Segelschiffstonnage in Deutschland, so zeigt sich dort das Phänomen, dass seit den 90er-Jahren des 19. Jahrhunderts bis 1914 die größte und kapitalaufwendigste Segelschiffsklasse, die stählernen Viermastbarken, zunahm und noch 1914 Neubauorders für solche Schiffe vergeben wurden. Diese Rahsegler befanden sich im Besitz einiger weniger Reedereien, die offenbar trotz geringerer Frachtraten, höherer Ausgabenbelastungen und Sozialabgaben, die im Ausland nicht erhoben wurden, mit diesen Schiffen wirtschaftlichen Erfolg hatten.

Jene Firmen, wie die hier vor allen zu erwähnende Reederei Ferdinand Laeisz, legten auch größten Wert darauf, dass ihre Kapitäne mit der Seewarte zusammenarbeiteten und deren Ratschläge befolgten. So erreichten ihre Segelschiffe auch Reisezeiten auf größten Entfernungen, die denen von Dampfern häufig gleichkamen. Diese Segler zeichneten sich außerdem durch einen hohen Auslastungsgrad aus, so dass ihre technisch mögliche Produktivität weitgehend ausgenutzt werden konnte. Der wirtschaftliche Gewinn, der hierdurch erzielt wurde, beruhte dann auf den erheblich geringeren Bau- und Betriebskosten, die ein Segelschiff gegenüber dem Dampfschiff generell hatte.

Andererseits war zu beobachten, dass es nach der Wende vom 19. zum 20. Jahrhundert für Segelschiffe schwer geworden war, überhaupt Beschäftigung zu finden, obwohl sich für den Befrachter die Möglichkeit bot, eine gleiche Ladung zu geringeren Kosten transportieren zu lassen. In der nunmehr weitgehend durch die Industrialisierung bestimmten Wirtschaft nahmen die Verlader lieber höhere Transportkosten in Kauf, um ihre Güter zu einem in engsten Grenzen gehaltenen Zeitpunkt angeliefert zu erhalten.

Mangelnde Beherrschung des Zeitfaktors als Grund für die Verdrängung des Segelschiffs

Trotz aller Erfolge durch die meteorologische Navigation konnte eine Pünktlichkeit des Segelschiffes zwar nicht erreicht, jedoch seine Unpünktlichkeit erheblich verringert werden. Der Geschäftserfolg der großen deutschen Segelschiffsreedereien beruhte teilweise auch darauf, dass diese Firmen durch ihre Geschäftsorganisation auf das Unvermögen des Segelschiffes, einen Zeitplan einzuhalten, reagierten, indem ihre Schiffe häufig Ladungen auf eigene Rechnung transportierten. So luden die berühmten Flying-P-Liner von F. Laeisz Chilesalpeter und die Rahsegler der Firma Rickmers Reis aus Hinterindien, beides Güter, mit dem diese Firmen selbst handelten.

Das Segelschiff war das Transportsystem einer vorindustriellen Wirtschaft und konnte sich nur so lange halten, wie es auch unter vorindustriellen Bedingungen eingesetzt wurde. Dem entsprach auch, dass die Segelschiffe bis zuletzt Häfen mit unterentwickelter Infrastruktur anliefen, wo sie durch ihre geringen Unterhaltungskosten die langen Lösch- und Ladezeiten besser als Dampfschiffe verkraften konnten. Das Fahren mit reedereigener Ladung nach Beginn des 20. Jahrhunderts passte ebenfalls mehr zur Kaufmannsreederei des vorindustriellen Zeitalters.

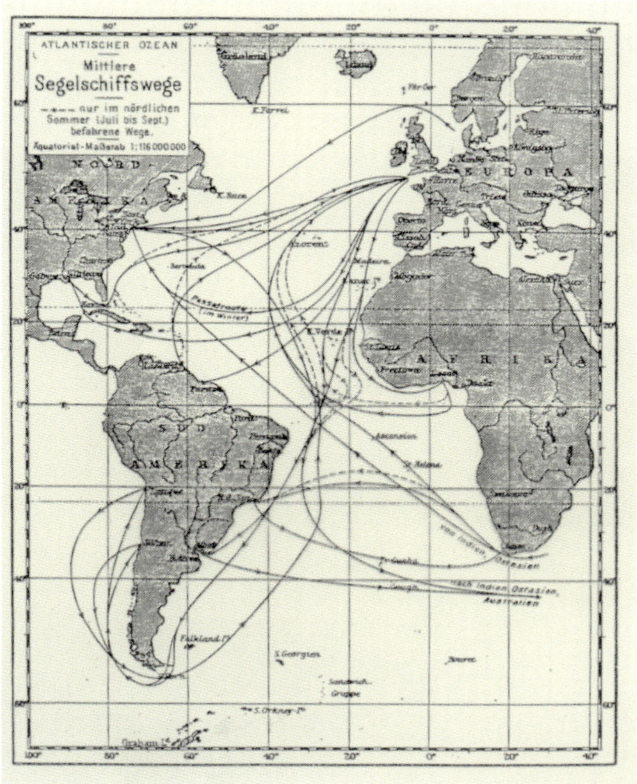

Oben aus Gerhard Schott: Geographie des Atlantischen Ozeans

Viermastbark PAMIR in einer achterlichen Sturmböe von 55 kn (Bf. 10) am 6. Januar 1946 beim Auslaufen aus Vancouver *Slg. Peter Tamm*

Als empfindlichen Schlag gegen das Transportsystem Segelschiff, dessen Rentabilität seit dem Ende des 19. Jahrhunderts ohnehin nur auf Kostenminimierung beruhte, sahen die Zeitgenossen in der 1914 um 22 Prozent erhöhten Versicherungsrate für Salperterfrachten. Damit konnten Reedereien, die keine firmeneigene Ladungen transportierten, kaum noch Gewinne erzielen. Wirtschaftsgeschichtlich gesehen war dies der Todesstoß für das Verkehrssystem Segelschiff, das gerade den Höhepunkt seiner technischen und navigatorischen Entwicklung nach gut fünf Jahrtausenden erreicht hatte.

Der Großsegler wurde nun zu einer Randerscheinung in der Seeschifffahrt. Als Ausbildungseinrichtung für den seemännischen Nachwuchs in Handels- und Kriegsflotten hat er bis heute seinen Wert behalten. Mit dem Einsatz als Kreuzfahrtschiffe eröffnen sich dem Segelschiff offenbar seit einigen Jahren neue Erfolg versprechende Perspektiven.

Die Renaissance der Segelschifffahrt wird über die Klimatologie ermöglicht

Eine künftige Nutzung des Windes zum Antrieb von seegängigen Handelsschiffen ist weniger eine Frage der Konstruktion neuartiger Besegelungen zur Umsetzung der Windenergie in Vortrieb; in ungleich größerem Maße wird sie von der Entwicklung der Klimatologie bestimmt, präzise Langzeitwettervorhersagen abgeben zu können. Weil ein »klassischer« Rahsegler bei einer vorgegebenen Windrichtung dessen Energie bestenfalls nur in einem Sektor von 200° ausnutzen konnte, haben Schiffbauer schon seit den 20er-Jahren des vorigen Jahrhunderts nach Lösungen

Vollschiff POSEN in der Dünung der Kalmenzone

Aus: Franz Graf von Larisch, Sturmsee und Brandung

gesucht, durch Anwendung neuer aerodynamischer Kenntnisse effektivere Besegelungen zu konstruieren.

Mit großer Anteilnahme verfolgte die Öffentlichkeit den 1924 auf der Germania Werft in Kiel durchgeführten Umbau zweier Schonerbarken, die als Rotorschiffe BARBARA und BUCKAU in Fahrt gebracht wurden. Der Ingenieur und Aerodynamiker Anton Flettner, der zuvor als Energiewandler senkrecht gestellte Flächen nach Art von Flugzeugflügeln mit variablem Profil vorgeschlagen hatte, ließ die beiden Schiffe nunmehr mit Rotoren, d. h. senkrecht gestellten Zylindern, ausrüsten. Durch maschinellen Antrieb in Drehbewegung versetzt, sollte damit die Windenergie nach dem Magnuseffekt zum Vortrieb genutzt werden. Trotz viel versprechender Anfangserfolge zeigte diese Besegelung bei Kursen vor dem Wind weniger Effizienz als das klassische Rahsegel.

1967 stellte der Schiffbauer Wilhelm Prölss auf der Jahrestagung der Schiffbautechnischen Gesellschaft ein neues und bereits im Modellversuch erprobtes Projekt eines Sechsmasters vor. Sein DYNA-Schiff war ein Massengutfrachter von 10.000 BRT, zu dessen Antrieb neben einer Hilfsmaschine vor allem neuartig gestaltete Rahsegel dienen sollten. An hydraulisch drehbaren Masten befanden sich feste, leicht bogenförmig gekrümmte Schienen als Rahen, zwischen denen von der Mitte nach außen Segel aus Kunstfasertuch mechanisch ein- und ausgefahren werden konnten. Die Masten waren damit aerodynamische Auftriebskörper. Mit dieser modernen Variante der klassischen Rahtakelage hätte das DYNA-Schiff Kurse über Grund bis zu 48° am wahren Wind laufen können.

Das in seinen Details voll durchkonstruierte Projekt wurde allerdings nicht realisiert. Wie aus der über das DYNA-Schiff geführten Diskussion hervorging, konnten pozentielle Auftraggeber für den Bau in diesem Segler trotz seiner wesentlich verbesserten Segeleigenschaften und selbst bei sorgfältigster Anwendung aller Möglichkeiten der meteorologischen Navigation keine Rentabilität erkennen, da auch mit diesem Schiff der Zeitfaktor noch immer nicht in den notwendigen Grenzen zu halten war.

Mit der 2006 in Fahrt gebrachten hochmodernen Megayacht Maltese Falcon wurde das »Dyna«-Schiffskonzept dann nach 40 Jahren doch noch realisiert. Die ausgesprochen luxuriös ausgestattete Maltese Falcon ist einer der jüngsten Rahsegler. Das 88 m lange Vollschiff mit seinen 58 m hohen Kohlefasermasten und mit einer Segelfläche von 2.396 Quadratmetern, die sich auf 15 Segel an 18 Rahen verteilen, kann aufgrund der aerodynamischen Gestaltung jeder Mast-Segeleinheit mit einem durchgehenden Segelprofil bis zu 35 Grad am wahren Wind über Grund anliegen und erreicht offensichtlich unter Segeln mühelos Geschwindigkeiten von 16 Knoten, ein Wert, der für klassische Rahsegler, wie beispielsweise die Gorch Fock, schon zu den absoluten Spitzengeschwindigkeiten gehörte.

Nach dem drastischen Anstieg der Erdölpreise 1973/74 und 1980 bis 1982 rückte die Möglichkeit der Nutzung des Windes als alternative Antriebsenergie wieder in das Blickfeld der Schiffbauingenieure. So entstanden von 1980 bis 1986 in Japan zehn Handelsschiffe (3 Tanker, 5 Massengutfrachter, 1 Gastanker, 1 Ro-Ro-Schiff) mit Windhilfsantriebsanlagen. Diese Energiewandler waren nach neuesten aerodynamischen Erkenntnissen in verschiedenen Formen gestaltete vollmechanisierte Hilfsbesegelungen, mit denen auf Langreisen durchaus respektable Einsparungen an fossiler Energie eingefahren werden konnten. Bezogen auf die Welthandelstonnage, blieben diese Schiffe allerdings Randerscheinungen.

Erfolgversprechender sollte sich allerdings die Nutzung der Windkraft auf dem Sektor der Kreuzfahrtschiffe erweisen. Nach Angaben aus der Literatur rechnet man hier immerhin mit einer Einsparung von 20 bis 30 Prozent an Treibstoffkosten, wobei das Faszinosum des Segelns eine besondere touristische Attraktion ist. Aus diesem Grund hat der schwedische Reeder Mikael Krafft die Takelagen seiner eingangs erwähnten Kreuzfahrtschiffe auch keineswegs als moderne aerodynamisch gestaltete Energiewandler, sondern als mechanisierte Varianten klassischer Großseglertakelagen ausführen lassen.

Als jüngste Möglichkeit, den Wind zum Antrieb von Handelsschiffen zu nutzen, sei hier auf das SkySails-System hingewiesen, das Dipl.-Ing. Wolfgang Bohlayer in diesem Band beschreibt. Mit Hilfe von sog. Zugdrachen als Zusatzantrieb soll eine Brennstoffersparnis von 10 % bis 35 % erreicht werden.

Ungeachtet aller beachtlichen Fortschritte, welche die moderne Technik für die Nutzung des Windes als alternative und umweltfreundliche Energie zum Antrieb von Schiffen bisher erreicht hat, wird das Verkehrssystem Segelschiff seine Position als Randerscheinung in der Seeschifffahrt erst durch wesentliche Fortschritte auf dem Gebiet der Klimatologie verlassen können. Durch präzise Langzeitwetterprognosen, deren Grundlagen die Klimatologie erbringen muss, lässt sich das Vorhandensein der für eine Reise notwendigen Windenergie so vorausberechnen, dass auch das Segelschiff wieder den Zeitfaktor wirtschaftlichen Erfordernissen entsprechend beherrschen kann.

PIZ Marine (Horst Dehnst)

Das Segelschiff als ideale Ausbildungsstätte für den seemännischen Nachwuchs

Das Festhalten am Nachweis einer Fahrenszeit auf Segelschiffen als Voraussetzung zum Erwerb eines nautischen Patentes hatte zunächst rein praktische Gründe. Da das Ladegeschirr eines damaligen Frachtdampfers auf der gleichen Technologie wie die Takelage eines frachttragenden Segelschiffes beruhte und die Arbeiten zur Instandhaltung eines stählernen Schiffskörpers ebenfalls gleich waren, galt ein Segelschiff als geradezu ideale Ausbildungsstätte für die Ausbildung zum Matrosen und als optimale Möglichkeit zum gründlichen Erlernen der praktischen Seemannschaft. Hinzu kam, dass auf einem Segelschiff die Besatzung in wesentlich höherem Grade ein Gefühl für Wind und Seegang als auf einem Dampfschiff vermittelt bekam. Bereits damals erkannte man das bedeutende pädagogische Potenzial der Segelschiffsausbildung.

Nach dem Grundsatz, dass der Stärkste allein nichts erreichen, aber auch ein schwächeres Besatzungsmitglied dennoch ein wertvoller Mitarbeiter sein kann, hatte jede Segelschiffsbesatzung ein Team von Männern zu bilden, in dem jeder sich auf seinen Bordkameraden verlassen können musste. Nur von einer Bordgemeinschaft, die zu effektivem Teamwork, selbst unter extremen Wetterbedingungen, fähig war, ließ sich eine rasche Reise durchführen. Hinzu kam, dass die Härten und Herausforderungen weniger durch die Schiffsführung als durch die wechselnden Wetterlagen verursacht wurden. Junge Männer, die später als Nautiker Verantwortung zu übernehmen hatten, lernten hier, allein schon durch die Umstände bedingt, gemeinsam auf ein Ziel hinzuarbeiten, und in der Arbeit in der Takelage sah man schon damals eine Schulung der Charakterstärke. Hinzu kam, dass auf einem Segelschiff der gesamten Besatzung jeder Handgriff, der die Lage des Schiffes veränderte, sofort bewusst wurde, so dass hier im Gegensatz zu einer Anonymität auf großen Dampfern Segelschiffmatrosen sich erheblich mehr mit »ihrem« Schiff identifizieren mussten.

Ein erfahrener Seemann der Stammbesatzung leitet die Rudergänger an. Aufnahme aus den 1960er-Jahren *PIZ Marine*

»Mastgarten« am Großmast mit »nur« 21 Tauenden von 144 der gesamten Takelage

»Tausendbein«, eine seemännische Handarbeit zum Schutz gegen Schamfilen (Scheuern)

Besatzung angetreten an Oberdeck beim Ablegen des Schiffes (oben)

Kuttermanöver zum Bergen der Rettungsboje

Besatzung beim Brassen der Rahen (unten)

Alle Abbildungen PIZ Marine

Auflaufen der Großobermarsrah

Die Entstehung des Segelschulschiffs

Trotz der durch die Entwicklung des Schiffbaus und der Tätigkeit der Deutschen Seewarte ermöglichten Leistungssteigerung war es für Segelschiffe, vor allem wegen der Unkalkulierbarkeit des Windes als Antriebsquelle, unmöglich, ihre Transportleistungen in so engen Zeitgrenzen zu halten, wie dies um 1900 für Dampfschiffe auch auf Langreisen schon die Regel war. Damit war das frachttragende Segelschiff als Transportsystem für eine industrielle Wirtschaft in zunehmendem Maße nicht mehr konkurrenzfähig und wurde durch das Dampfschiff verdrängt. Das hatte zur Folge, dass seit 1880 die Gesamtzahl deutscher Segelschiffe zu sinken begann und seit 1892 ihre Tonnage von der der Dampfschiffe übertroffen wurde, die dann ab 1900 erheblich anzuwachsen begann.

Für die deutsche Handelsflotte ergab sich aus dieser Entwicklung ein gesteigerter Bedarf an ausgebildeten Seeleuten und Nautikern, für die in der sich nun im Rückgang befindlichen Segelschiffahrt immer weniger Ausbildungsplätze zur Verfügung standen.

Um hier Abhilfe zu schaffen, begannen deutsche Großreedereien frachttragende Segelschulschiffe einzusetzen, und zusätzlich kam es am 12. Januar 1900 auf Anregung des Großherzogs von Oldenburg zur Gründung des Deutschen Schulschiff-Vereins (DSV). Am 7. März 1901 lief bei der Tecklenborg-Werft in Geestemünde, dem heutigen Bremerhaven, die vom DSV in Auftrag gegebene GROSSHERZOGIN ELISABETH als erstes reines Segelschulschiff vom Stapel. Das als Vollschiff getakelte Schulschiff verkörperte einen neuen Segelschiffstyp. Bei einer Länge von 69 m handelte es sich hier um ein relativ kleines Schiff, das aber über yachtartig scharfe Linien verfügte und gegenüber herkömmlichen Frachtseglern mit Einrichtungen für die Unterbringung von 150 Lehrgangsteilnehmern und zur Erhöhung der Sinksicherheit über eine bessere Einteilung des Rumpfes mit Schotten bis zum Oberdeck verfügte. Das Segelschulschiff war bewusst mit einem erheblich höheren Freibord konzipiert worden, damit das als Hauptausbildungsplatz dienende Oberdeck möglichst wenig von der See überspült wurde und trocken blieb. Mit 150 Lehrgangsteilnehmern, 31 Kadetten als Offizieranwärter und 119 Schiffsjungen, lief das Schiff am 31. März 1901 von Elsfleth an der Weser zu seiner ersten Ausbildungsreise aus. Die GROSSHERZOGIN ELISABETH war das erste als Spezialschiff nur zur Ausbildung des seemännischen Nachwuchses konzipierte Segelschulschiff, das damals dem modernsten Stand der schiffbaulichen Entwicklung entsprach und einen Schiffstyp verkörperte, von dem der DSV bis 1927 noch weitere drei ähnliche Schiffe fertig stellen ließ. Einschließlich der GORCH FOCK von 1958, wurden bis zu diesem Zeitpunkt insgesamt zehn nach dieser Konzeption entworfene Segelschulschiffe vom Stapel gelassen, von denen neun Einheiten in Dienst gestellt werden konnten. Von diesen zehn Segelschulschiffen hatte die Tecklenburg-Werft zwei gebaut acht Schiffe waren bei Blohm + Voss gebaut worden. Damit sollte die 1958 vom

Vollschiff GROSSHERZOGIN ELISABETH, das erste seit 1901 vom Deutschen Schulschiff-Verein als reines Segelschulschiff eingesetzte Fahrzeug, der technische Urahn der GORCH FOCK von 1958 *Slg. Peter Tamm*

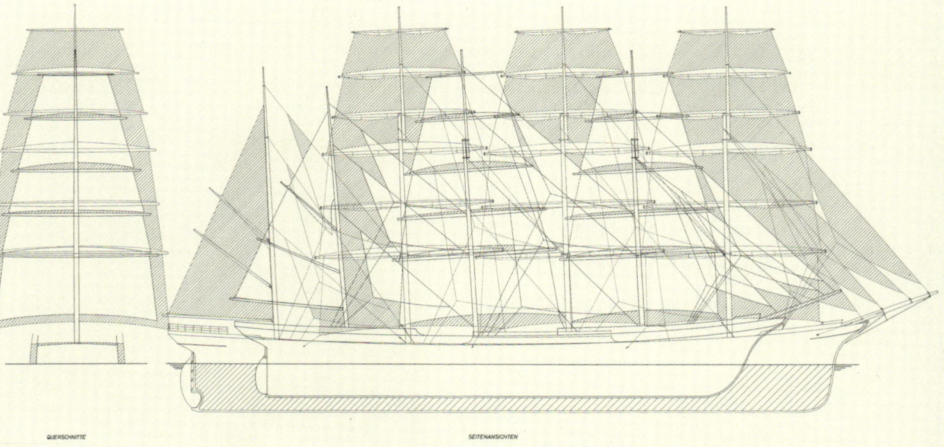

Größenvergleich der Bark Segelschulschiff GORCH FOCK mit dem Frachtsegler Viermastbark PAMIR *Blohm + Voss*

Segelschulschiff Niobe der Reichsmarine (links oben) *Slg. Peter Tamm*
Die Bark Gorch Fock wurde am 27. Juni 1933 für die Reichsmarine als Segelschulschiff in Dienst gestellt (oben). *Slg. Peter Tamm*

Stapellauf der Bark Horst Wessel auf der Werft Blohm + Voss am 13. Juni 1936 *Slg. Peter Tamm*

Stapel gelaufene Gorch Fock der letzte auf einer deutschen Werft gebaute klassische Rahsegler sein und stellt bis heute den Endpunkt dieser Segelschulschiffkonzeption dar.

Segelschulschiffe der ehemaligen Kriegsmarine

Nachdem die Kaiserliche Marine 1909 die Ausbildung auf Segelschiffen in Überschätzung des technischen Fortschrittes aufgegeben hatte, wurde diese bei der Reichsmarine wieder eingeführt.

In der Deutschland durch den Versailler Vertrag zugestandenen kleinen Marine musste ein besonderes Augenmerk darauf gelegt werden, dass der Offizier- und Unteroffiziernachwuchs eine gründliche Ausbildung in Seemannschaft erhielt. Außer den vorgenannten praktischen Erwägungen sprach vor allem das pädagogische Potenzial der Segelschiffausbildung, wie Förderung der Charakterstärke und Anleitung zum Teamwork, für diesen Ausbildungsweg für Offizier- und Unteroffizieranwärter. Nachdem die Niobe, ein seit 1921 nach dem Umbau zur Jackass-Bark als Segelschulschiff genutzter ehemaliger Viermastschoner am 26. Juli 1932 bei Fehmarn in der Ostsee in einer Sturmböe

Die drei Segelschulschiffe der ehemaligen Kriegsmarine (v.l.n.r.) Horst Wessel, Albert Leo Schlageter und Gorch Fock in Kiel *Blohm + Voss*

Die Viermastbarken PAMIR und PASSAT 1951 an der Ausrüstungspier beim Umbau zu »frachttragenden« Segelschulschiffen
Slg. Peter Tamm

gekentert war, hielt diese Katastrophe, bei der 69 Seeleute den Tod gefunden hatten, die Marineführung nicht davon ab, die Segelschulschiffausbildung weiter fortzuführen.

Mit der am 3. Mai 1933 bei Blohm + Voss vom Stapel gelaufenen Bark GORCH FOCK war nun eine Weiterentwicklung des bereits beim Deutschen Schulschiffsverein bewährten Typs des reinen Segelschulschiffs entstanden, dem am 13. Juni 1936 der Stapellauf von ALBERT LEO SCHLAGETER, am 3. Oktober 1937 der von HORST WESSEL und am 7. November 1939 der Stapellauf des nicht mehr fertig gestellten Segelschulschiffes HERBERT NORKUS folgte. 1938 hatte Blohm + Voss für Rumänien mit der MIRCEA ein weiteres typgleiches Segelschulschiff gebaut.

GORCH FOCK – der Neubeginn der Segelschulschiffausbildung 1958

Trotz des tragischen Unterganges der als frachttragendes Segelschulschiff eingesetzten Viermastbark PAMIR am 21. September 1957 600 Seemeilen westlich der Azoren, wobei 80 Seeleute den Tod fanden, hielt die Führung der neuen Bundesmarine aufgrund der positiven Erfahrungen,

Am 21. September 1956 ging die PAMIR im Hurrikan »Carrie« im Atlantik unter. Von den 86 Männern der Besatzung überlebten nur sechs Mann. *Zeichnung von Franz Richter Johnsen, Slg. Peter Tamm*

Kiellegung der Gorch Fock auf der noch stark kriegszerstörten und demontierten Werft Blohm + Voss am 24. Februar 1958
Vorbereitungen zum Stapellauf im August 1958 (rechte Seite) *Alle Abbildungen PIZ Marine*

Abbildungen dieser Doppelseite:

Im Sommer 1958 zeichnet sich schon die Form des neuen Segelschulschiffes ab.

PIZ Marine

Taufe und Stapellauf der GORCH FOCK am 23. August 1958: (v.l.n.r.) Vizeadmiral Ruge, Inspekteur der Marine, Ulli Kinau, Taufpatin und Nichte des Dichters Gorch Fock, Rudolf Kinau, der Bruder Gorch Focks *PIZ Marine*

Mit dem plattdeutschen Taufspruch »Boben dat Leben steiht de Doot. Ober boben den Doot steiht wedder dat Leben! Ik däup di up den Nom GORCH FOCK!« zerschmetterte die Taufpatin am Bug die Sektflasche. *Blohm + Voss*

Unter dem Jubel zahlreicher Zuschauer und dem Heulen aller Sirenen der im Hafen liegenden Schiffe gleitet die Gorch Fock am 23. August 1958 zu Wasser. *Blohm + Voss*

Montage des von Dr. Heinrich Andreas Schroeteler geschaffenen Albatros als Galionsfigur *PIZ Marine*

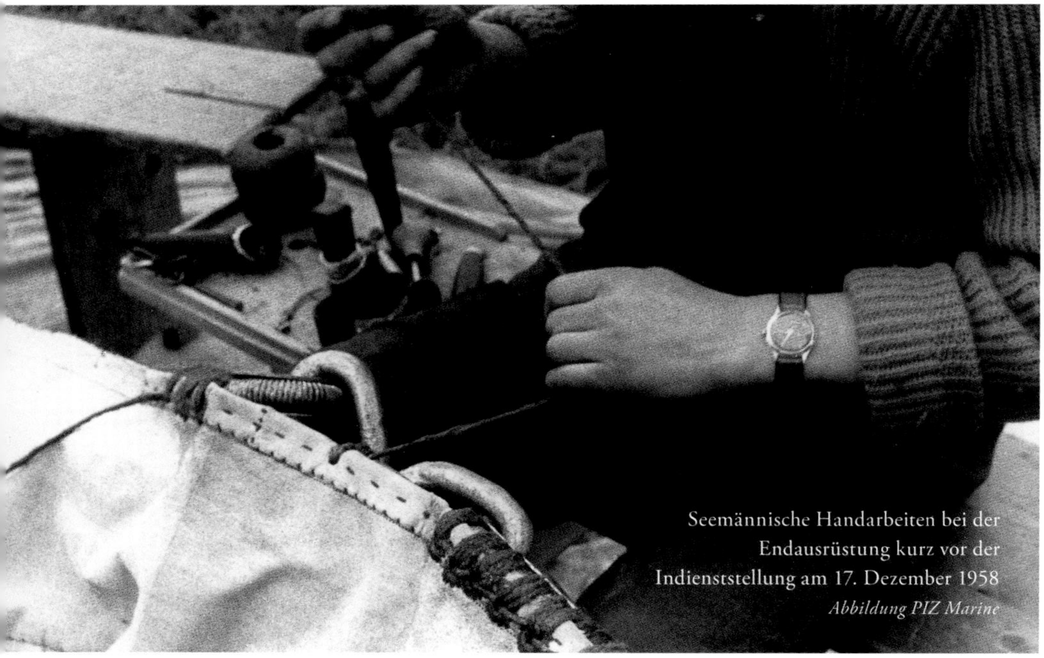

Seemännische Handarbeiten bei der Endausrüstung kurz vor der Indienststellung am 17. Dezember 1958
Abbildung PIZ Marine

die man bei der ehemaligen Kriegsmarine mit der Ausbildung auf den drei Segelschulschiffen gemacht hatte, an diesem Ausbildungsweg fest.

In seiner Ansprache am 23. August 1958 beim Stapellauf der GORCH FOCK stellte der damalige Inspekteur der Marine, Vizeadmiral Friedrich Ruge, fest: »Seefahrt ist immer noch Auseinandersetzung des Menschen mit Wind und Wetter. Dazu ist Seemannschaft erforderlich; diese ist die Kunst, ein Schiff in allen Lagen zu handhaben. Dazu sind erstklassige Kenntnisse notwendig. ... Die jungen Offiziere sollen lernen, Menschen zu führen, Waffen zu bedienen, Schiffe zu handhaben; sie müssen Persönlichkeiten werden. Die Segelausbildung holt solche Werte besonders heraus: macht vertraut mit Wind und Wetter, entwickelt ein besonderes Gefühl für die Abhängigkeit von den Elementen, macht geduldig und bescheiden, andererseits beweglich und aufmerksam; erzieht zur Gemeinschaftsarbeit, Partnerschaft, prägt Charakter. Aus diesen Überlegungen wird am Segelschulschiff festgehalten. Das ist keine Romantik oder Sentimentalität. Die Marine ist schon seit 100 Jahren technisiert und unsentimental.«

In die neue GORCH FOCK wurden eine Reihe von schiffbaulichen Verbesserungen eingebracht, die man aufgrund der mit der PAMIR gemachten Erfahrungen zur Erhöhung der Sinksicherheit für notwendig gehalten hatte. Diese bestanden einmal darin, dass durch entsprechenden Ballast die Hebelarmkurve selbst bei Neigungen des Schiffes um 90 Grad noch ein aufrichtendes Moment besitzt, d.h. dass das Schiff unkenterbar wurde. Ferner wurde durch eine vermehrte Schotteneinteilung das Schiff in vier wasserdichte Abteilungen aufgeteilt, was der Sinksicherheit zugute kam, wie auch alle Aufbauten absolut wasserdicht ausgeführt wurden. Durch zusätzliche Notausgänge in den Kadettenräumen, die wegen des Manöverbetriebes an Oberdeck als Glattdecksluken ausgeführt wurden, und eine Vergrößerung des Durchmessers der Bullaugen wurden zusätzliche Möglichkeiten geschaffen, das Schiff im Notfall verlassen zu können. Nicht zuletzt wurden beim Bau auch die neuesten Erkenntnisse für den Brandschutz berücksichtigt sowie eine Erweiterung der Rettungsmittel vorgesehen. Durch die Einschiffung eines Meteorologen, zur Beratung der Schiffsführung, der Installation eines zweiten Radargerätes und der Ausstattung mit Geräten der elektronischen Navigation wurde mit der neuen GORCH FOCK eines der sichersten Schiffe überhaupt gebaut. Diese zweite GORCH FOCK war somit das letzte Segelschulschiff, das nach einer Konzeption, die bereits 1900 für den Bau eines ausschließlich für Ausbildungszwecke zu nutzenden Rahseglers entwickelt wurde, auf einer deutschen Werft erbaut wurde.

GORCH FOCK – fünf Jahrzehnte erfolgreicher Einsatz

Das am 17. Dezember 1958 in Dienst gestellte Segelschulschiff lief am 3. August 1959 zu seiner ersten Auslandsausbildungsreise nach Santa Cruz aus. Seither hat sich diese Bark einen Namen als »Botschafter Deutschlands« erworben, auf der inzwischen Tausende angehender Offiziere und Unteroffiziere ihre seemännische Grundausbildung absolviert haben. Schon bei den Auslandsreisen der Schulschiffe des Deutschen Schulschiff-Vereins hatte man die positive Erfahrung gemacht, dass diszipliniert in den Auslandshäfen auftretenden Lehrgangteilnehmern Aufgaben der Repräsentanz ihres Landes zukamen, deren Wahrnehmung durchaus auch das Selbstwertgefühl und Verantwortungsbewusstsein der jungen Seeleute hob. Sehr schnell zeigte es sich, dass die auf den Segelschulschiffen der Marine eingeschifften Soldaten von Anfang an zu durchaus

Beginn des seemännischen Alltages. Kadetten entern auf während einer der frühen Ausbildungsreisen im Jahr 1959. *Abbildung PIZ Marine*

ernst genommenen »Botschaftern in Blau« wurden, eine Tradition, die sich in den vergangenen fünf Jahrzehnten auf der Gorch Fock besonders ausgeprägt hat und mit Recht gepflegt wird. Zwar hat sich das Segelschulschiff durchaus als hervorragende und nahezu unverzichtbare Ausbildungsstätte für die seemännischen Grundlagen von Offizieren und Unteroffizieren der Marine erwiesen, dennoch ist in den vergangenen Jahrzehnten das pädagogische Potenzial dieser Ausbildungsmethode bedeutend mehr zum Tragen gekommen. Vor allem die Erziehung zum Teamwork und zur Festigung der Charakterbildung dürften gegenwärtig in den Vordergrund gerückt sein, wobei die Aufgaben der Repräsentanz Deutschlands im Ausland und bei internationalen Begegnungen hierzu wesentlich beitragen.

Szenen einer Ausbildungsreise von 1959 *PIZ Marine*

Peter Tamm rettet die Gorch Fock

Im November 1971, dreizehn Jahre nach der Indienststellung, mehrten sich die Gerüchte aus dem Bonner Verteidigungsministerium, dass man das Segelschulschiff als für die Offiziersausbildung nicht mehr zeitgemäß stilllegen wollte. Analog dem von Heeresoffizieren vorgebrachten Argument, dass künftige Panzerfahrer auch keine Vorausbildung zu

Menschen und Boote

Hamburg stand gestern ganz im Zeichen der See: Fast 14 000 Hamburger besichtigten am Wochenende das Segelschulschiff „Gorch Fock" — ein Andrang wie noch nie (links). Die weiße Bark, auf Initiative des Hamburger Abendblattes zu Gast in ihrer Patenstadt, brachte einen Hauch von Windjammer-Romantik in die Hansestadt. Heute morgen lief die „Gorch Fock" wieder aus, zurück nach Kiel. (Lesen Sie den ausführlichen Bericht auf Seite 5!) Schon jetzt ist die „12. Deutsche Bootsausstellung international" ein Riesenerfolg. Mehr als 30 000 Besucher strömten gestern, dem ersten Tag, in die Messehallen von „Planten un Blomen", wo über 600 Werften und Ausrüstungsfirmen aus 24 Ländern bis zum 7. November Neuheiten für den Wassersport zeigen. Das Angebot umfaßt mit rund 1000 Sportschiffen aller Größen und Klassen, Bootsmotoren, Navigationsgeräten und Spezialausrüstungen all das, was ein Skipper für seine maritime Freizeit benötigt.

Fotos: H. G. KIESEL/CONTI

…morgen hieß es „Leinen los!" Das …lschiff „Gorch Fock", das auf … des Hamburger Abendblattes … lang an der Überseebrücke lag, … Elbe hinunter. Viele Hamburger … ein herzliches Lebewohl hinüber … weißen Schiff. „Der Empfang und die Gastfreundschaft in Hamburg waren einmalig. Wir bedanken uns!" sagte der Kommandant, Kapitän zur See Ernst von Witzendorff. Nicht nur die Besatzung, auch die Hamburger haben in diesen drei Tagen viel Freude gehabt. Fast 14 000 Bürger dieser Stadt haben das Schiff besichtigt.

…ie „Gorch Fock" hat Hamburg begeistert

…4000 Besucher auf dem stolzen Schulschiff

…er Helmuth Kern an Bord. Rechts der Kommandant, Kapitän zur See Ernst v. Witzendorff.

Viele seefahrtbegeisterte Menschen mußten wieder umkehren, denn als gestern nachmittag um 17 Uhr die Besuchszeit zu Ende ging, warteten immer noch lange Schlangen an der Überseebrücke. Aber die „Gorch Fock" wird wiederkommen.

Hamburg zeigte sich von seiner Schokoladenseite. Drei Herbsttage mit mildem Wetter und viel Sonne waren die Kulisse des Aufenthaltes der Sailors in der Hansestadt. Sie haben diesen Besuch genossen.

Der Senat und Bürgermeister Peter Schulz bereiteten der „Gorch Fock" und ihrer Besatzung einen Empfang, wie er kaum jemals einem anderen Marineschiff zuteil geworden ist. In seiner Rede umriß Peter Schulz die vielfältigen Verbindungen zwischen der „Gorch Fock" und ihrer Patenstadt. Am Sektfrühstück an Bord gestern vormittag nahm neben vielen anderen prominenten Gästen auch Bürgermeister Helmuth Kern teil.

Die Crew besichtigte Hamburg, war zu Gast beim Hafenkonzert des Norddeutschen Rundfunks, besuchte die 12. „Deutsche Boots-Ausstellung international". Großen Spaß hatten Waisenkinder aus dem Johannes-Petersen-Heim in Volksdorf an Bord.

Und die Hamburger zeigten, daß sie ein Herz für Seeleute und für die Marine haben. Es hagelte Einladungen für Besatzungsmitglieder in Hamburger Familien. So manche davon mußte verschoben werden bis zum nächsten Besuch des Schiffes. Und mancher alte Fahrensmann erinnerte sich beim Anblick des Schiffes an seine eigenen Reisen unter Segeln. Ein Stück Windjammer-Romantik wurde plötzlich in Hamburg wieder lebendig. Wie damals, so heißt es auch heute noch auf der „Gorch Fock": „Eine Hand für das Schiff, die andere für den Mann!"

An Bord des Segelschulschiffes lernen künftige Offiziere, was Seefahrt heißt. Sie lernen, daß ein solches Schiff nur in harter gemeinsamer Arbeit gefahren werden kann. Sie lernen, was es bedeutet, eine Crew zu sein, in der einer für den anderen einsteht.

„Wir werden uns die Rollkragenpullover anziehen und durch die Nordsee rund Skagen zurücksegeln nach Kiel!" sagte der Kommandant. Wir — das ist die rund 70 Mann starke Stammbesatzung. „Wir alle, die wir sonst Lehrer sind und junge Seeleute ausbilden, werden in den nächsten Tagen wieder selbst die Rahen brassen und die Segel setzen. Wir freuen uns auf diese Fahrt!"

Wenn die „Gorch Fock" längst draußen ist und hoch am Wind fährt, werden Tausende von Hamburgern zurückdenken an dieses letzte Wochenende, von großer Fahrt unter Segeln auf einem starken, schnellen Schiff träumen.

GUNTER BEUERSHAUSEN

…r es ein aufregendes Erlebnis: Die Kinder aus dem Johannes-Petersen-Heim stellten das Wissen der …eine harte Probe

Fotos: H.-G. KIESEL

Über die Toppen beleuchtet — so präsentierte sich die „Gorch Fock" nachts den Hamburgern

„Passat"-Kapitän Grubbe auf der letzten Reise

Die Flagge der „Gorch Fock" ist heute halbmast gesetzt. Ein bekannter Seemann tritt auf dem Segelschulschiff seine letzte Reise an. Kapitän Helmut Grubbe, 1907 geboren, war der letzte Kapitän der „Passat", die jetzt in Travemünde liegt. Es war sein Wunsch, auf See beigesetzt zu werden. Um Helmuth Grubbe trauern viele Seeleute. Sein ehemaliger Erster Offizier ist jetzt IO auf der „Gorch Fock": Fregattenkapitän Horst Wind.

Die Urne mit der Asche des toten Segelschiff-Kapitäns wurde heute morgen an Bord der „Gorch Fock" gebracht. Auf dem Mitteldeck ist sie aufgebahrt. Ein Offizier und zwei Unteroffiziere halten die Totenwache.

Irgendwo draußen auf der Nordsee wird die „Gorch Fock" unter vollen Segeln beidrehen. Die Besatzung wird antreten, und der Kommandant, Kapitän zur See Ernst von Witzendorff, hält die Gedenkrede. Dann wird Seite gepfiffen und die Asche der See übergeben. Eine Minute lang gedenken dann Offiziere, Unteroffiziere und Mannschaften des toten Kapitäns. Dann geht die „Gorch Fock" wieder an den Wind.

Faksimile aus dem »Hamburger Abendblatt« vom 1. November 1971 *Hamburger Abendblatt*

Pferdedroschkenkutschern benötigen, brauchte man in der mit hochtechnischen Waffensystemen ausgerüsteten Marine auch keine angehenden Kaphoorniers. Die Stimmung an Bord des Segelschulschiffes war damals sehr gedrückt. Auf Initiative von Peter Tamm, der damals Alleinvorstand der Axel Springer Verlag AG war, lud der Senat der Freien und Hansestadt Hamburg im November 1971 die Gorch Fock zu einem offiziellen Besuch nach Hamburg ein. Dieser kurze Trip von Kiel nach Hamburg sollte den Fortbestand des Schiffes retten. Der Besucherandrang im Hamburger Hafen, wo das Schiff einen

Liegeplatz direkt an den Landungsbrücken von St. Pauli bekommen hatte, war enorm. Die Besatzung wurde im Rathaus vom Regierenden Bürgermeister, Ulrich Klose, persönlich empfangen und Peter Tamm hatte zu einem Empfang im Springer-Haus eingeladen. Das Hamburger Abendblatt brachte eine Sonderbeilage und, was damals noch etwas Besonderes war, ein doppelseitiges Farbposter von der GORCH FOCK unter vollen Segeln. Nach diesem gewaltigen Echo in der Öffentlichkeit war an einer Außerdienststellung dieses friedlichen Repräsentanten der Bundesmarine nicht mehr zu denken. Im folgenden Jahr stand das Segelschulschiff dann im Mittelpunkt der ersten großen internationalen Großseglerparade »Operation Sail« während der Olympischen Segelwettbewerbe in der Kieler Förde.

GORCH FOCK beim Aussegeln aus der Kieler Förde *WGAZ MSM*

Die Takelage und die Segel der »Gorch Fock«

Drei Masten: Vortopp, Großtopp und Besan

1 - Vorstengestagsegel
2 - Innenklüver
3 - Außenklüver
4 - Jager
5 - Fock
6 - Voruntermarssegel
7 - Vorobermarssegel
8 - Vorbramsegel
9 - Vorroyalsegel
10 - Großstengestagsegel
11 - Großbramstagsegel
12 - Großroyalstagsegel
13 - Großsegel
14 - Großuntermarssegel
15 - Großobermarssegel
16 - Großbramsegel
17 - Großroyalsegel
18 - Besanstagsegel
19 - Besanstengestagsegel
20 - Besanbramstagsegel
21 - Unterer Besan
22 - Oberer Besan
23 - Besantoppsegel

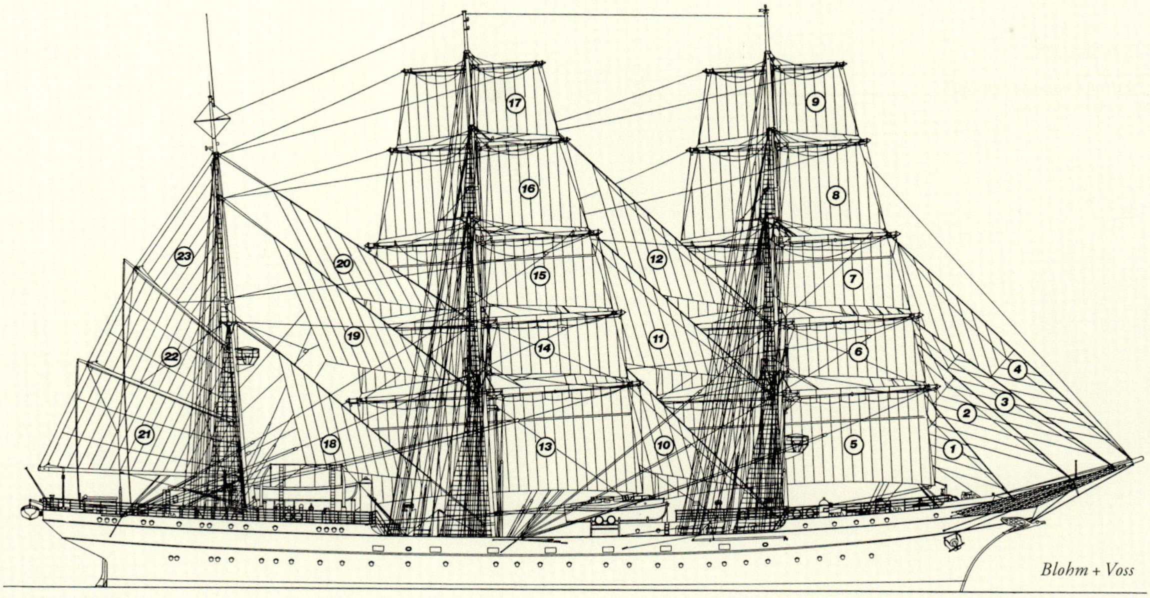

TAMPENRISS

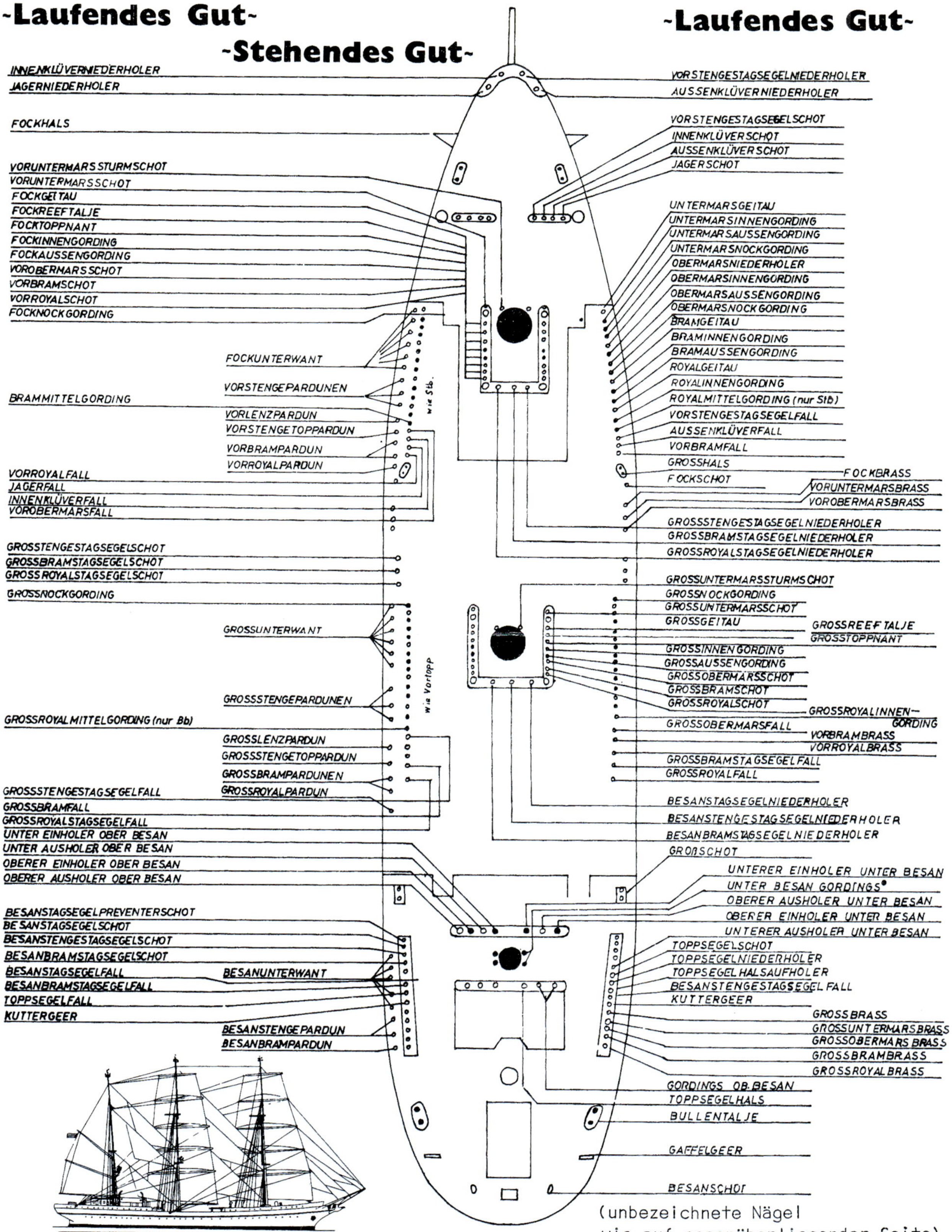

(unbezeichnete Nägel
wie auf gegenüberliegender Seite)

SSS GORCH FOCK

Segelschulschiff Gorch Fock

(aus dem offiziellen Informationsblatt)

Den Lebenslauf des vor 50 Jahren am 23. August 1958 bei der Hamburger Werft Blohm + Voss vom Stapel gelaufenen Schulschiffes und seiner am 17. Dezember 1958 erfolgten Indienststellung bestimmen seither Reisen in außerheimische Gewässer und Besuche ausländischer Häfen.

So hat die Gorch Fock bis 2007 in 147 Auslandsausbildungsreisen 706.851 Seemeilen zurückgelegt. Dabei wurden über 375 Hafenbesuche in 55 Ländern auf fünf Kontinenten durchgeführt.

Die bisherigen Höhepunkte bilden eine Weltreise, verbunden mit dem Besuch Australiens im Jahre 1988, die Teilnahme an der Kolumbusregatta im Jahre 1992 sowie eine elfmonatige Fahrt 1996/97 nach Asien, Südafrika und Südamerika. Im Jahre 2000 gewann das Schiff die Transatlantikregatta von Cadiz/Spanien nach Hamilton/Bermudas.

Nicht zuletzt wegen der erfolgreichen Durchführung ihres Auftrages erfolgte am 18. Februar 1982 die Übernahme der Patenschaft durch den Schleswig-Holsteinischen Landtag.

Während der Hafenaufenthalte in In- und Auslandshäfen war das Schiff Ziel vieler hochrangiger Gäste und zahlreicher Besucher.

Das Schiff feierte 1998 sein 40-jähriges Dienstjubiläum. Während dieser Zeit hat es sich mit seiner Besatzung in allen Wetterlagen bewährt.

Das Schiff

Die Gorch Fock ist eine Bark, das heißt die beiden vorderen Masten sind rahgetakelt und der achtere Mast ist gaffelgetakelt. Der Schiffsrumpf und die Masten sind aus Stahl. Zum Manövrieren in engen Gewässern und bei Windstille steht dem Schiff ein Hilfsdieselmotor mit 1.600 PS als Antrieb zur Verfügung und seit der Werftliegezeit 2000/2001 auch eine Querschubanlage. Die 23 Segel und das Tauwerk sind aus Kunststoffmaterialien gefertigt.

Im Frühjahr 1995 wurde das Schiff im Rahmen einer Depot-Instandsetzung grundüberholt und in den Bereichen Kombüse und Navigation auf den neuesten Stand der Technik gebracht. Zusätzlich wurde eine stationäre CO_2-Feuerlöschanlage eingebaut.

Eine weitere Überholung erfolgte im Jahr 1999, wo neben schiffbaulichen Änderungen auch der Farbanstrich komplett erneuert wurde und die ehemals grünen Flächen nun in Dunkelblau erscheinen.

In der Werftliegezeit in den Jahren 2000/2001 wurde die bisher umfangreichste Modernisierung des Schiffes durchgeführt. Eine moderne Klimaanlage, eine Vakuum-WC-Anlage, leistungsstarke Frischwassererzeuger, neue E-Generatoren, eine moderne Wasseraufbereitungsanlage sowie neueste Navigationsgeräte verlängern die Nutzungsdauer der Gorch Fock für die nächsten 25 Jahre. Das Schiff ist nach den höchsten Sicherheitsstandards umgebaut und erhielt erstmalig ein Zertifikat des Germanischen Lloyd.

Das Schiff ist in der Landeshauptstadt Kiel beheimatet und hat seinen Liegeplatz im Kieler Scheerhafen an der Tirpitzmole.

Schiffsdaten und Besatzungsstärke:

Länge	89,3 m
Breite	12,0 m
Tiefgang	5,5 m
Verdrängung	1.860 t
Höhe Großmast	45,3 m
Größte Rahlänge	24,0 m
Segelfläche	2.080,0 m^2

Offiziere	12
Portepeeunteroffiziere	14
Unteroffiziere	33
Mannschaften	24
Lehrgangsteilnehmer/Segelcrew	115

Namensgeber Johann Kinau

Johann Kinau, geboren 1880, wurde als norddeutscher Heimatdichter unter seinem Pseudonym »Gorch Fock« bekannt. Er wurde zum Namensgeber für die Bark, dem zweiten deutschen Segelschulschiff gleichen Namens.

Er wurde in Hamburg-Finkenwerder als Sohn eines Hochseefischers geboren und fiel am 31. Mai 1916 in der Skagerrakschlacht an Bord des Kreuzers Wiesbaden.

Sein schriftstellerisches Schaffen war von einer tiefen Verbundenheit zur Seefahrt und zur Küste geprägt. Mit seinem 1912 erstmals erschienenen Roman »Seefahrt ist Not!« erreichte er den literarischen Durchbruch und einen Bekanntheitsgrad weit über die Grenzen Norddeutschlands hinaus.

Generalpläne der GORCH FOCK von 1971

Blohm + Voss

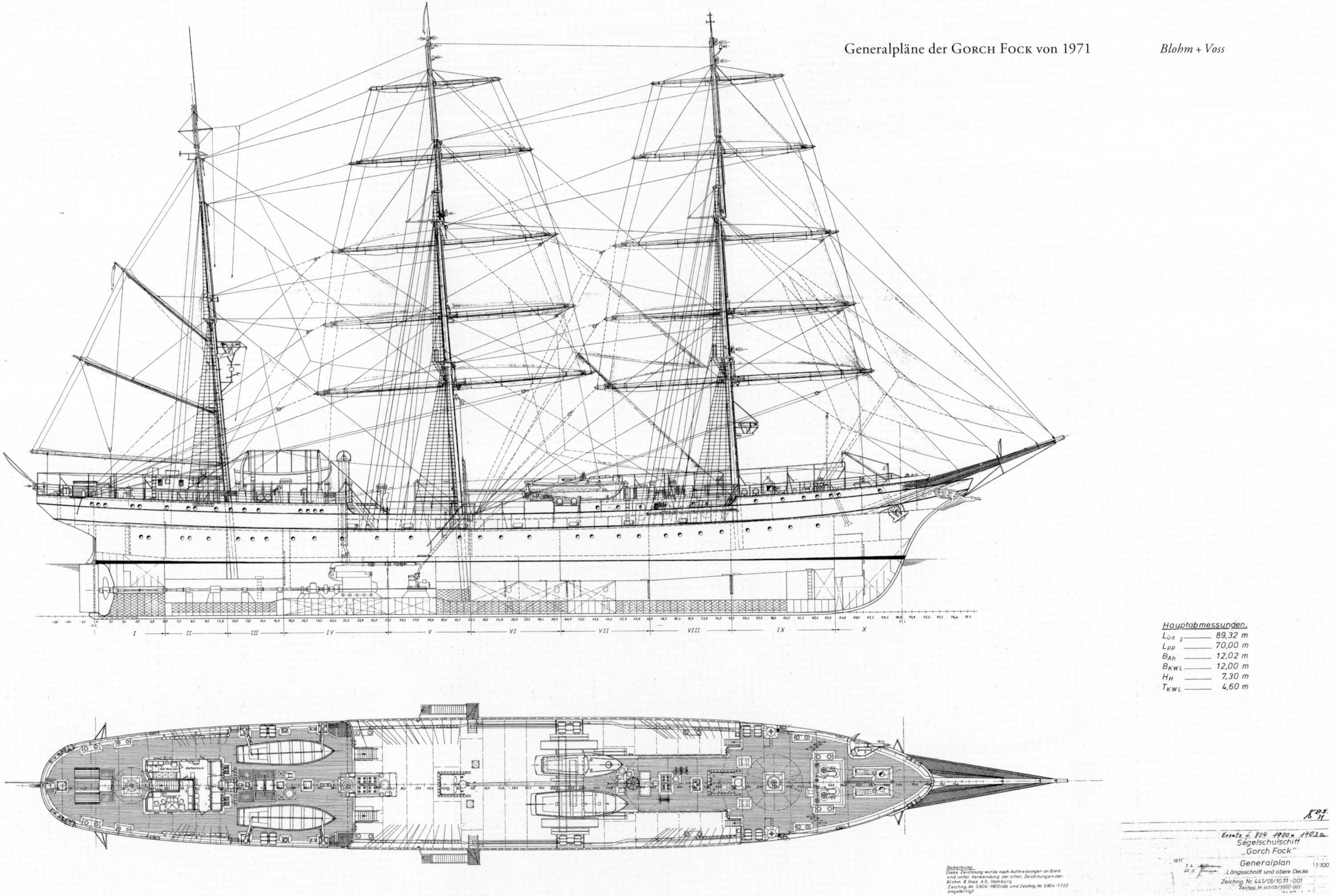

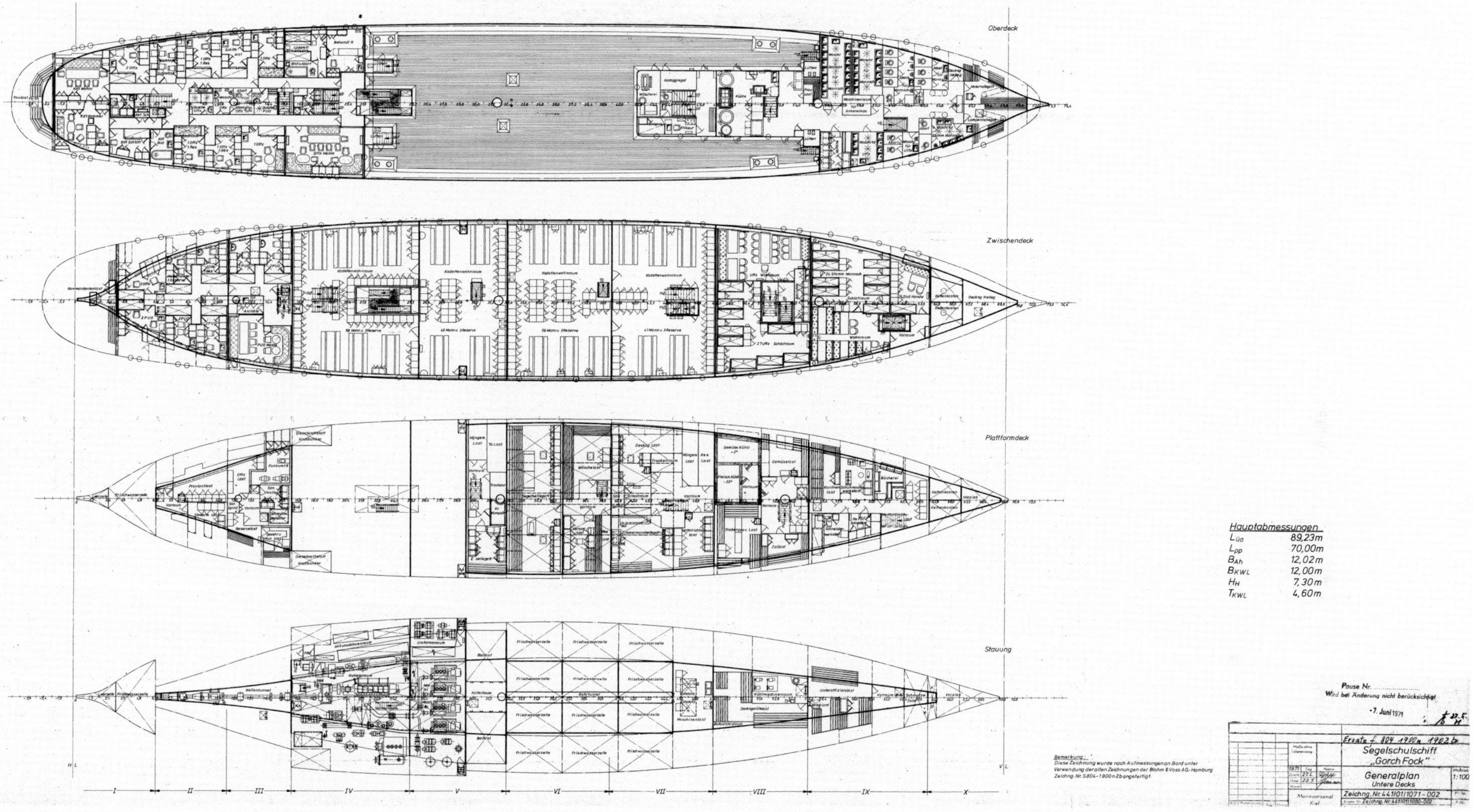
Oberdeck
Zwischendeck
Plattformdeck
Stauung
Hauptabmessungen
$L_{üa}$ 89,23m
L_{pp} 70,00m
B_{Ah} 12,02m
B_{KWL} 12,00m
H_H 7,30m
T_{KWL} 4,60m
I
II
III
IV
V
VI
VII
VIII
IX
X
HL
VL
Bemerkung:
Diese Zeichnung wurde nach Aufmessungen an Bord unter Verwendung der alten Zeichnungen der Blohm & Voss AG.-Hamburg Zeichng. Nr. S804-1900n 2b angefertigt.
Pause Nr. ....
Wird bei Änderung nicht berücksichtigt
-7. Juni 1971
Ersatz f. 804 1900n 1902b
Segelschulschiff „Gorch Fock"
Generalplan
Untere Decks
1:100
Marinearsenal Kiel
Zeichng. Nr. 441101/1071-002
Zeichng. Nr. 441101/1000-002

Hauptspant Segelschulschiff

Blohm + Voss

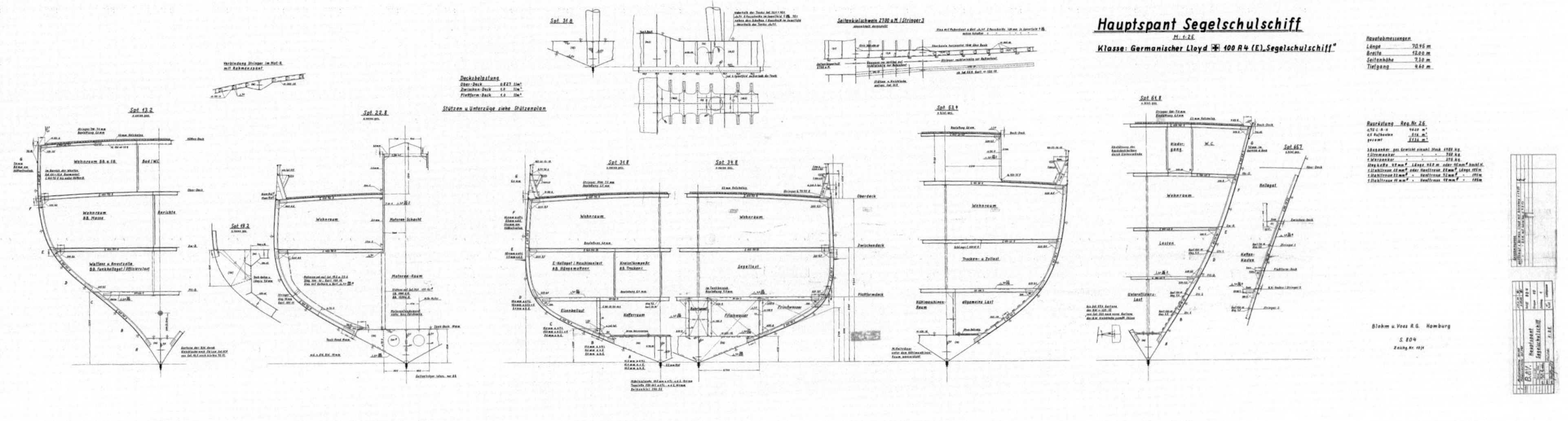

Linienriss der Gorch Fock von 1958

Blohm + Voss

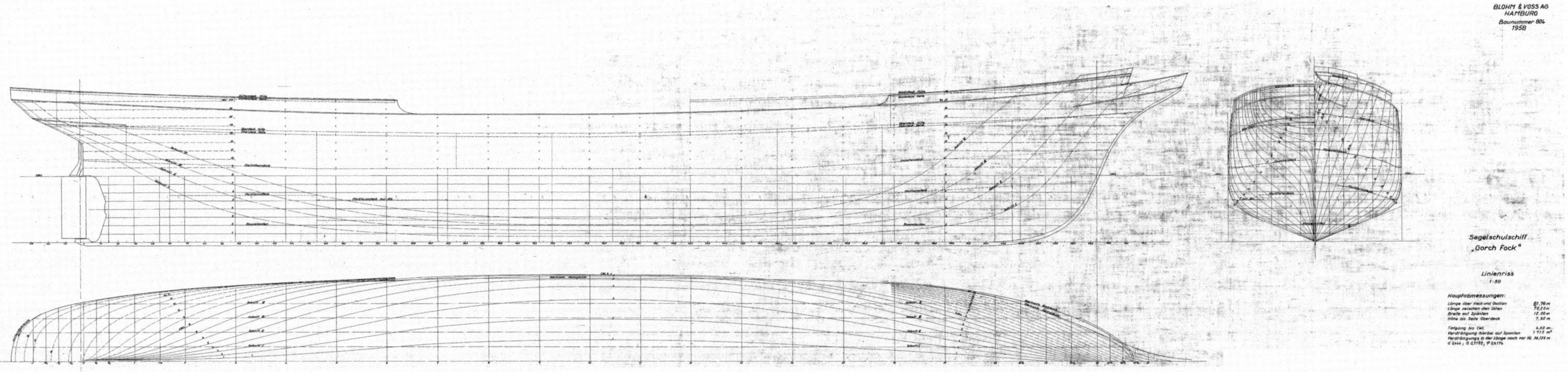

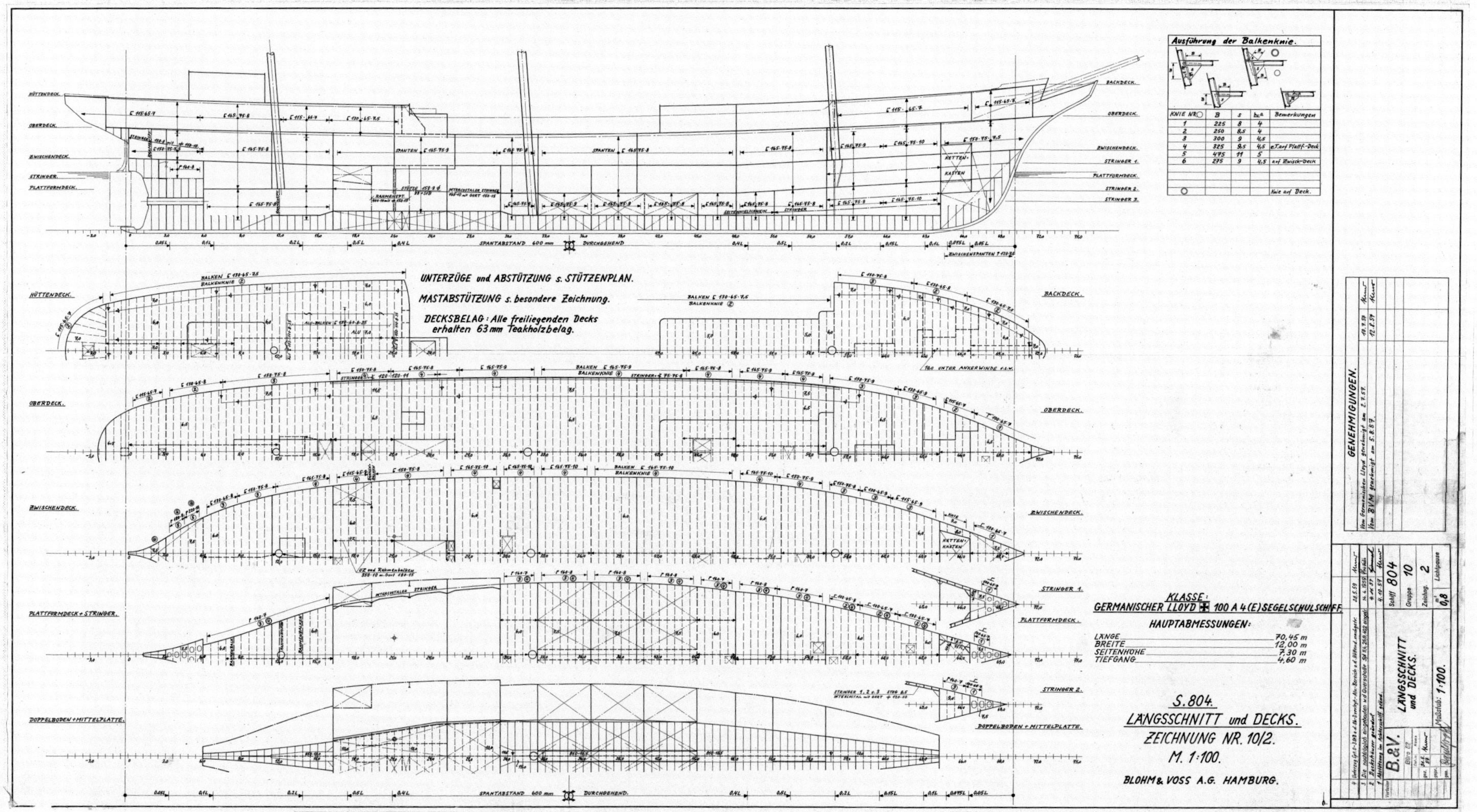
Ausführung der Balkenknie.
KNIE NR. | B | s | b | Bemerkungen
1 | 225 | 8 | 4
2 | 250 | 8,5 | 4
3 | 300 | 9 | 4,5
4 | 325 | 9,5 | 4,5 | e.T.auf Plattf.-Deck
5 | 495 | 11 | 5
6 | 275 | 9 | 4,5 | auf Zwisch.-Deck
Knie auf Deck.
HÜTTENDECK.
OBERDECK.
ZWISCHENDECK.
STRINGER.
PLATTFORMDECK.
BACKDECK.
STRINGER 1.
STRINGER 2.
STRINGER 3.
SPANTABSTAND 600 mm
DURCHGEHEND
UNTERZÜGE und ABSTÜTZUNG s. STÜTZENPLAN.
MASTABSTÜTZUNG s. besondere Zeichnung.
DECKSBELAG: Alle freiliegenden Decks erhalten 63 mm Teakholzbelag.
PLATTFORMDECK + STRINGER.
DOPPELBODEN + MITTELPLATTE.
GENEHMIGUNGEN.
KLASSE:
GERMANISCHER LLOYD 100 A 4 (E) SEGELSCHULSCHIFF.
HAUPTABMESSUNGEN:
LÄNGE 70,45 m
BREITE 12,00 m
SEITENHÖHE 7,30 m
TIEFGANG 4,60 m
S. 804.
LÄNGSSCHNITT und DECKS.
ZEICHNUNG NR. 10/2.
M. 1:100.
BLOHM & VOSS A.G. HAMBURG.
B.&V.
Schiff 804
Gruppe 10
Zeichng. 2
LÄNGSSCHNITT und DECKS.
Maßstab: 1:100.

Marineschule Mürwik, Gesamtaufnahme mit Bootshafen *WGAZ MSM*

Die Offizierausbildung an der Marineschule Mürwik

Die Ausbildung von Marineoffizieren ist eine auf Dauer angelegte vielschichtige Aufgabe, die immer wieder neu an den Bedürfnissen von Bundeswehr, Marine und Gesellschaft auszurichten ist. Sie muss aber auch den Gegebenheiten beim intellektuellen und körperlichen Leistungspotenzial junger Frauen und Männer Rechnung tragen, die als Offizieranwärter – zumeist unmittelbar nach der gymnasialen Ausbildung – in die Marine eintreten. Dort machen sie an der Marineschule Mürwik ihre ersten prägenden maritimen Erfahrungen …

Die Marineschule Mürwik (MSM) blickt auf eine lange Tradition zurück – seit ihrer Gründung im Jahre 1910 haben viele Generationen von Marineoffizieren hier ihre Ausbildung durchlaufen. Nach außen hin sichtbarer Ausdruck dieser Tradition ist das altehrwürdige Gebäude, das im Zuge der langjährigen Renovierungsarbeiten bis zum 100-jährigen Schuljubiläum wieder komplett in neuem Glanz erstrahlen wird.

Die alten Mauern mögen jedoch allzu leicht darüber hinwegtäuschen, dass an der MSM Ausbildung nach neuesten Erkenntnissen durchgeführt wird. Garanten dafür sind ein praxisorientierter erfahrener Lehrstab sowie die Nutzung sowohl modernster Ausbildungs- und Simulationsanlagen als auch einer vorbildlich vernetzten Informationstechnologie.

Der weltweite Einsatz der Deutschen Marine in multinationalen streitkräftegemeinsamen Verbänden und die Herausforderungen, die sich durch permanente Veränderungen von Rahmenbedingungen in einer zunehmend globalisierten Welt ergeben, bilden das Richtmaß des Handelns und erfordern auch in der Ausbildung des Offiziernachwuchses die ständige Weiterentwicklung von Inhalten, Methoden, Mitteln und Lehrgangsstrukturen. Dessen ungeachtet folgt die Schule von Beginn an einem Grundprinzip, das auch heute nichts von seiner Aktualität eingebüßt hat: Gemeint ist der frühestmögliche Kontakt mit der See als Arbeitsumfeld und Einsatzraum des Marineoffiziers. Dazu gehören das gemeinschaftliche Erleben der Abhängigkeiten von Wind und Wetter auf See, das Leben und Arbeiten im Team sowie die Sensibilisierung für elementare maritime Fähigkeiten, Kompetenzen und Voraussetzungen, die an Bord unerlässlich sind. Ausbildungsfächer wie Menschenführung an Bord, Navigation, Methodik der Ausbildung, soldatische Ordnung, aber auch Sprachen- und Sportausbildung sollen dem angehenden Offizier das hierzu erforderliche Rüstzeug vermitteln.

Seit Einführung des Studiums für Offiziere des Truppendienstes im Jahre 1973 besteht die Offizierausbildung in der Marine für Truppenoffiziere grundsätzlich aus drei Ausbildungsabschnitten[1]:

- der **Grundlagenausbildung** (15 Monate im Wesentlichen an der MSM),
- dem **Studium** (mit kürzlicher Einführung der Bachelor-/Master-Studiengänge von bis zu 48 Monaten an den Universitäten der Bundeswehr) und schließlich

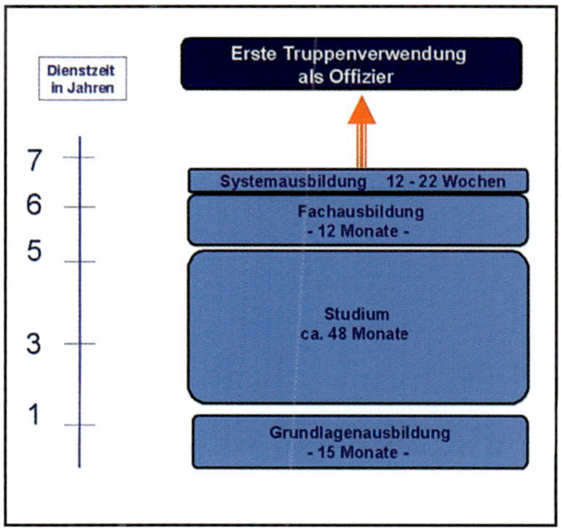

1 Für einige Laufbahnen sind Abweichungen möglich (Sanitätsdienst, Marinefliegerdienst, OA ohne Studienplatzzusage)

Die Marineschule von der Wasserseite *WGAZ MSM*

Weibliche Offizieranwärter an der MSM
WGAZ MSM

- der **Fach- und Systemausbildung** (15–17 Monate an verschiedenen Schulen der Marine und der Streitkräftebasis einschl. weiterer Ausbildungsfenster an der MSM).

Im Weiteren werden vorwiegend diejenigen Bestandteile der Offizierausbildung dargestellt, die an der MSM durchgeführt werden. Sie bilden zugleich den Schwerpunkt der Arbeit an der Schule, werden aber durch eine Vielzahl von Weiterbildungslehrgängen, Seminaren und »Workshops« ergänzt.

Jeweils zum 1. Juli eines Jahres wird der neue Jahrgang an Offizieranwärtern (OA) zur Marineschule einberufen. Die Rekruten werden mit Antritt der sog. *Soldatischen Basisausbildung* einem anspruchsvollen und fordernden Reglement unterworfen. Für viele ist es das erste Mal, dass sie – auf sich allein gestellt – die Erfahrung echter physischer und psychischer Belastung machen. Vom Wecken um 5 Uhr mit anschließendem Frühsport bis zum Dienstausscheiden oft erst um 21 Uhr nach Reinschiff[2] und Abendsport wird den OA ein kompaktes Programm abverlangt. Es vermittelt in

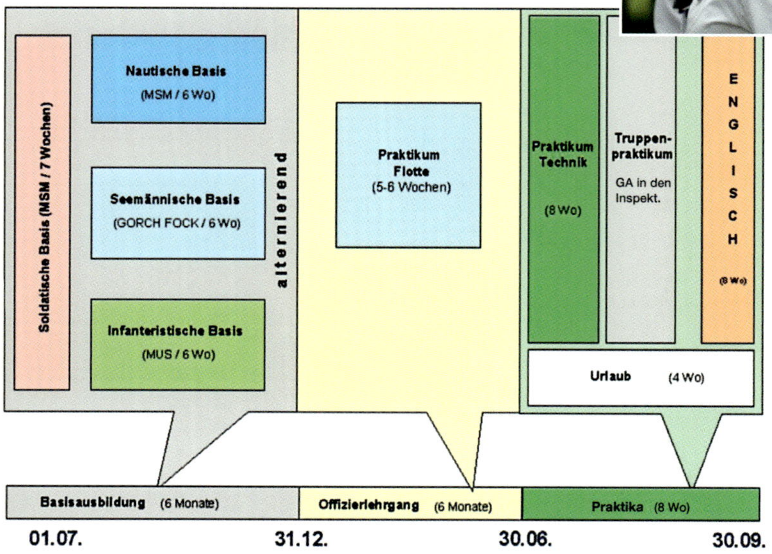

2 Reinschiff = Säubern der Unterkünfte

sieben Wochen die Inhalte einer »normalen« 3-monatigen Grundausbildung und soll durch Kutterpullen, maritime Wettbewerbe und größtmögliche Einbindung des Bootshafens so viel »maritime Prägung« wie möglich schaffen. Hierbei kommt es auch darauf an, für die jeweilige Marineoffiziercrew[3] ein Zusammengehörigkeitsgefühl zu entwickeln, das den Team- und Crewgedanken fördert. Vor dem Hintergrund deutlich unterschiedlicher geistiger und körperlicher Voraussetzungen sowie eines individuell geprägten sozialen Umfelds der Kadetten stellt dies wohl die größte Herausforderung dar, der sich die mitunter ebenfalls noch jungen Zugführer, Hörsaalleiter und Inspektionschefs an der MSM stellen müssen.

Nach dem Erwerb von Grundkenntnissen in soldatischer Ordnung und allgemeiner Truppenkunde, im Umgang mit Handwaffen, Riemen und Bootshaken, im Formaldienst und bei Übungen im Gelände, im Soldatenrecht und in politischer Bildung ist mit dem feierlichen Gelöbnis bzw. der Vereidigung der Crew in festlichem Rahmen jeweils Mitte August ein erster Höhepunkt der Offizierausbildung erreicht. Aufgrund begrenzter Kapazitäten der Ausbildungseinrichtungen wird die Crew für die folgenden rund 18 Wochen in drei gleich große Gruppen aufgeteilt, die jeweils rotierend die folgenden Abschnitte durchlaufen:

- Die ***Infanteristische Basisausbildung*** an der Marineunteroffiziersschule (MUS) in Plön. Hier werden die bereits erworbenen Grundkenntnisse im Bereich der Handwaffen vertieft, Formaldienst und die Ausbildung im Gelände werden intensiviert und die körperliche Fitness durch eine intensive Marschausbildung weiter gesteigert. Schwerpunkt der Ausbildung ist die EAKK[4], die das Basiswissen vermittelt, um an Einsätzen der Bundeswehr, auch teilstreitkraftübergreifend, teilnehmen zu können. Hier lernen die OA den ersten Umgang mit ROE[5] und werden für besondere Situationen in Kriseneinsätzen, auch in der Handhabung des Waffeneinsatzes, sensibilisiert.
  Am Ende dieses weitgehend »grünen« Ausbildungsabschnittes steht darüber hinaus der Erwerb der »WachATN«[6], die die Soldatinnen und Soldaten für den Wachdienst mit scharfer Waffe qualifizieren.
- Die ***Seemännische Basisausbildung*** an Bord des Segelschulschiffes Gorch Fock. Die jungen Offizieranwärter »erfahren« im wahrsten Sinne des Wortes zwei elementare Grundsätze im angestrebten Berufsbild des Marineoffiziers: Jede Aufgabenerfüllung in See ist einerseits abhängig von den Elementen, von Wind, Wetter und Seegang; andererseits ist jede Aufgabe an Bord nur im Team lösbar – die Marine braucht keine brillanten Individualisten, sondern teamfähige Soldaten, die gemeinsame Herausforderungen suchen und Anstrengungen in der Gruppe meistern.
- Die ***Nautische Basisausbildung*** an der MSM. Sie zählt bereits als Teil des späteren Offizierlehrgangs und vermittelt Grundkenntnisse in den für Marineoffiziere elementaren und prägenden nautischen Fächern – im Wesentlichen Navigation und Nautische Gesetzeskunde (NTG). Theoretische Wissensvermittlung wird hier sinnvoll kombiniert mit praktischer Kartenarbeit und – solange es die herbstliche Witterung zulässt – gleich in Unterrichtseinheiten auf den schuleigenen Kraft- und Segelbooten umgesetzt.

Die Lehrgangsteilnehmer verbleiben während der Ausbildungsabschnitte an der MUS in Plön sowie an Bord der Gorch Fock in einer einheitlichen Hörsaal- und Inspektionsstruktur. Die Vorgesetzten und Ausbilder der MSM fühlen sich auch in dieser Zeit in der Pflicht und stehen in regelmäßigem Kontakt mit den externen Ausbildungsstätten.

Zum Jahreswechsel hat die gesamte Crew alle Abschnitte der Basisausbildung durchlaufen und beginnt Anfang Januar mit dem *Offizierlehrgang (OL)* an der MSM. Auf der Basis des bisher Vermittelten und im Wechsel zwischen akademischer Ausbildung, praktischer Übung und gezielter Leistungskontrolle sollen die Offizieranwärter bis zum Sommer nachweisen, dass sie den Anforderungen der Marine an die körperliche und geistige Leistungsfähigkeit eines Offiziers entsprechen und die nötige charakterliche Eignung mitbringen. Die Marineschule vergibt mit dem Abschlusszeugnis zugleich den Nachweis der Offiziereignung – für die Personalführung das wichtigste Kriterium zur Weiterführung der jungen Kadetten in die folgenden Ausbildungsabschnitte.

Das vielseitige Lehrstoffangebot im OL lässt sich im Wesentlichen in folgende Themenbereiche gliedern:

- Zum einen in die unter dem Schlagwort der INNEREN FÜHRUNG einzuordnenden Fächer wie »Allgemeine Führungslehre«, »Recht« und »Historisch-Politische Bildung«. Im Einklang mit den in den konzeptionellen Grundlagenpapieren der Bundeswehr festgelegten Schwerpunkten der Offizierausbildung wird hier besonderer Wert auf die Verankerung der Streitkräfte in der freiheitlich-demokratischen Grundordnung der Bundesrepublik Deutschland gelegt. Darin eingebettet findet sich die Anwendung des

3 Traditionell bezeichnet und identifiziert sich ein Einstellungsjahrgang von Marineoffizieren mit Monat und Jahreszahl des Einstellungsdatums – so sind die zum 1. Juli 2008 einberufenen Offiziersanwärter zeit ihres Marinelebens (und auch über ihre Zugehörigkeit zur Marine hinaus) Mitglieder der Crew VII/2008.

4 EAKK = Einsatzvorbereitende Ausbildung für Konfliktverhütung und Krisenbewältigung

5 ROE = Rules of Engagement. Genaue Verhaltensregeln, die den Soldaten bei Einsätzen vorgegeben werden und zur Verhaltenssicherheit und Eskalationskontrolle im Hinblick auf einen abgewogenen Waffeneinsatz beitragen sollen.

6 ATN = »Allgemeiner Tätigkeitsnachweis«, der bei Erwerb zu bestimmten Aufgaben qualifiziert

Rechtsstaatsprinzips auch und gerade für Soldaten sowie die Verinnerlichung der Führungsprinzipien der Bundeswehr, namentlich des Konzeptes »Führen mit Auftrag«.

- Zum anderen in die Fächer, die sich direkt mit den praktischen Problemen angehender und junger Marineoffiziere beschäftigen, zum Beispiel »Ausbildungslehre«, »Allgemeine Truppenkunde« und »Soldatische Ordnung« sowie die berufsspezifischen maritimen Fächer »Navigation«, »Nautische Gesetzeskunde« und »Seemannschaft«.
- Ergänzt und komplettiert wird das Ausbildungsangebot durch ein mehrwöchiges Praktikum im Einsatzausbildungsverband (EAV) an Bord von Schiffen der Deutschen Marine, eine umfassende – auch theoretische – Sportausbildung (die OA erwerben die Qualifikation eines Übungsleiters der Bundeswehr) und einen anspruchsvollen Englischunterricht. Gerade die Erhöhung und Verdichtung der englischen Sprachkenntnisse[7] haben in jüngster Vergangenheit einen hohen Stellenwert bekommen, zumal die Universitäten der Bundeswehr zukünftig ein bestimmtes Niveau für einen erfolgreichen Studienabschluss fordern.

Sowohl Wertigkeit als auch Inhalte der Fächer werden an der MSM durch die Fachbereiche und die Gruppe »Zielsetzung, Prüfwesen und Kontrolle (ZPK)« ständig überprüft und den ministeriellen Vorgaben sowie den Bedürfnissen der Truppe angepasst.

Nach Abschluss des 6-monatigen OL und vor Studienbeginn im Oktober des Folgejahres nach Eintritt in die Marine verbleibt für die Kadetten das sog. »Fünfte Quartal«, das zur Vertiefung der Vorgesetztenausbildung bzw. zur Studienvorbereitung genutzt wird. So müssen alle OA, die für einen technischen Studiengang vorgesehen sind, ein 8-wöchiges Praktikum entweder in der Industrie oder an der Marinetechnikschule in Parow absolvieren. Die OA mit geisteswissenschaftlichen Studienfachrichtungen nehmen währenddessen im Rahmen eines *Truppenpraktikums* erstmals die Vorgesetztenrolle ein. Dabei verbleiben regelmäßig etwa 45 Seekadetten an der MSM in Flensburg, um die neue im Juli eingetroffene Crew in der Soldatischen Basisausbildung als Hilfsausbilder zu begleiten – für die meisten eine wertvolle und lehrreiche Erfahrung. Kadetten, die für den fliegerischen Dienst vorgesehen sind und noch nicht über die notwendige Qualifikation in Englisch verfügen, belegen in diesem Quartal einen gesonderten Sprachkurs. Und schließlich besteht jetzt, gut ein Jahr nach Eintritt in die Marine, für die Kadetten erstmals die Möglichkeit, einen längeren Urlaub zu nehmen.

Das folgende Studium an den Universitäten der Bundeswehr in München oder Hamburg ist den Erfordernissen des Bologna-Prozesses angepasst und mittlerweile den EU-Vorgaben entsprechend auf Bachelor-/Master-Studiengänge umgestellt. Wer sich am Ende des zweiten Studienjahres für die Weiterführung im Masterstudiengang qualifiziert, erwirbt nach insgesamt 4 Jahren den Titel eines »Master of Arts« bzw. »Master of Science«.

Nach absolvierter akademischer Ausbildung müssen die jungen Offiziere zielgerichtet auf ihre zukünftigen Verwendungen als Vorgesetzte an Bord schwimmender Einheiten, auf Luftfahrzeugen oder in Landdienststellen vorbereitet werden. Dies geschieht in der Fachausbildung, den sog. »A-wertigen Lehrgängen«, die in ihrer Gesamtheit etwa ein Jahr umfassen und an verschiedenen Schulen der Marine sowie Ausbildungseinrichtungen der Streitkräftebasis stattfinden. Die MSM trägt hierzu den 5-wöchigen *Führerlehrgang* bei, der als erster Lehrgang nach Studienende ausgeplant ist und insgesamt achtmal im Jahr durchgeführt wird. Wehrrecht und Soldatenrecht, aber auch praktisches Vorgesetztentraining im Hörsaal und an Bord der Kraftboote der Marineschule sollen die jungen Offiziere nach der langen akademischen Phase gezielt auf ihren Einsatz als Vorgesetzte vorbereiten.

Alle Offiziere, die für eine Brückenverwendung vorgesehen sind, also zukünftig mit der nautischen Schiffsführung beauftragt werden, absolvieren gegen Ende der Lehrgangsphase mit dem *Wachoffizierlehrgang* einen weiteren Ausbildungsabschnitt an der MSM. Hierbei handelt es sich um eine auf drei Monate ausgelegte nautische Ausbildung auf höchstem Niveau, die keinen Vergleich mit den zivilen nautischen Fachschulen zu scheuen braucht. Der hochqualifizierte Fachbereich Nautik bildet die jungen Offiziere in den Hörsälen und unter Nutzung der »Ausbildungsanlage Nautische Schiffsführung (AANS)« aus – zur Zeit der modernste Schiffsführungssimulator in Europa mit der Möglichkeit, bis zu sieben Besatzungen gleichzeitig zu trainieren und miteinander (oder auch gegeneinander) navigieren zu lassen.[8] Die erfolgreiche Absolvierung dieses anspruchsvollen Lehrgangs bedeutet die Befähigung, auf Einheiten der Flotte als Wachoffizier-Schüler eingesetzt werden zu können – damit ist rund sechs Jahre nach Eintritt in die Marine der Weg aus der Ausbildung in die Flotte geebnet; es bedarf jetzt lediglich noch der Systemausbildung auf dem jeweils spezifischen Einsatzsystem der für den Offizier

7 Die Sprachfähigkeiten der Soldaten werden in der Bundeswehr mit Hilfe eines sog. »Standardisierten Leistungsprofils (SLP)« in den 4 Fertigkeiten »Hörverstehen«, »Mündlicher Gebrauch«, »Leseverstehen«, »Schriftlicher Gebrauch« gemessen, abgeprüft und attestiert. Mit Einführung der BA-/MA-Studiengänge an beiden Universitäten der Bundeswehr wurde ein SLP 3332 in Englisch für alle Studierenden verbindlich. Dieses SLP wird mit 8 ECTS-Punkten auf das Studium angerechnet.

8 An der AANS wird auch das nautische Teamtraining für die Flotte durchgeführt, von dem die beiden Einsatzflottillen guten Gebrauch machen.

Haupteingang zur Marineschule Mürwik
WGAZ MSM

Die Aula der Marineschule Mürwik

Der mit Modellen von Schiffen der Bundesmarine ausgestattete Säulengang vor den Räumen des Kommandeurs

Abbildungen WGAZ MSM

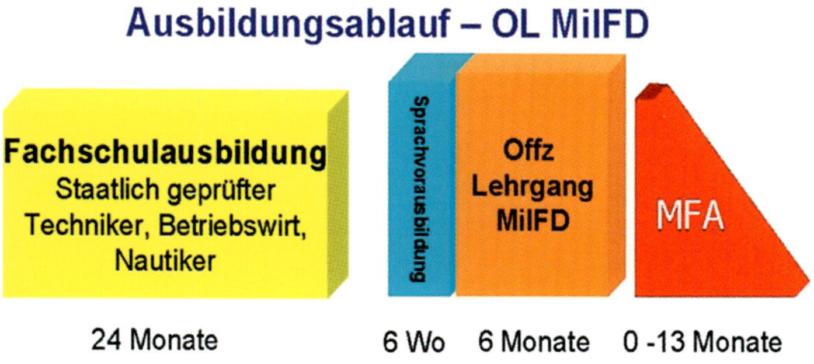

vorgesehenen Boots- bzw. Schiffsklasse. So schließt sich der Kreis der Ausbildung der Truppenoffiziere, die an der Marineschule Mürwik ihre ersten Schritte in der Marine tun, ihre Prägung als Marineoffiziere erfahren und mit den wichtigsten Kompetenzen und Qualifikationen für ihre Offizierslaufbahn versehen werden. Im weiteren Verlauf seiner Karriere wird der Marineoffizier dann immer wieder zu Vorgesetztenlehrgängen, Tagungen oder zum nautischen Teamtraining an die MSM zurückkehren.

Neben der so beschriebenen Ausbildung der Offiziere des Truppendienstes (Offz TrD) – also derjenigen Offiziere, denen die Laufbahnperspektive eines Stabsoffiziers,[9] in Ausnahmefällen bis hin zum Flaggoffizier[10], offen steht – führt die Marineschule auch wesentliche Abschnitte der Ausbildung der Offiziere des Militärfachlichen Dienstes (Offz MilFD) durch. Diese Laufbahn eröffnet für Unteroffiziere mit Portepee (PUO)[11] die Möglichkeit, als Spezialist (daher »Offizier des Militärfachlichen Dienstes«) den Rang eines Kapitänleutnants[12] – in Ausnahmefällen den Spitzendienstgrad Stabskapitänleutnant[13] – zu erreichen.

Die Ausbildungsfolge wird hier im Wesentlichen durch die 2-jährige Fachschulausbildung an Fachschulen der Bundeswehr bestimmt. Nach dem qualifizierten Abschluss, der den Erwerb der Fachhochschulreife einschließt, werden die Offizieranwärter – regelmäßig in den Dienstgraden Fähnrich zur See bzw. Oberfähnrich zur See – an die MSM versetzt und bis zum Beginn des eigentlichen Offizierlehrgangs sprachlich (in Englisch) vorausgebildet.

Der Offizierlehrgang für Offz MilFD läuft seit der Integration der Fachschulausbildung ein halbes Jahr an der MSM. Diese knapp bemessene Zeit ist ausgefüllt mit einem Fächerangebot, das dem des OL der OA für den Truppendienst entspricht. Allerdings ist der Abholpunkt der OA MilFD ein anderer, da sie – als in der Regel bereits erfahrene PUO – über Truppenpraxis und teilweise über Einsatzerfahrung verfügen und damit auf einem deutlich höheren Niveau beginnen. Dies ist Chance und Herausforderung für die Ausbilder zugleich. Der permanente Wechsel der auszubildenden Zielgruppen – oft hat derselbe Ausbilder am selben Tag völlig verschiedene Hörsäle mit unterschiedlichem Anspruchsniveau vor sich – hält nicht nur die Ausbilder flexibel, sondern erfordert auch eine ständige Aktualisierung und Anpassung des Lehrstoffangebots.

Neben der Ausbildung zum Offz TrD und Offz MilFD findet als dritter Laufbahnlehrgang an der MSM die Ausbildung zum Reserveoffizier statt. Der »Seekadettenlehrgang für Reserveoffizieranwärter (ROA)« dauert rund vier Monate, baut auf dem in der Maatenausbildung erworbenen Wissen auf und enthält sowohl allgemeinmilitärische als auch militärfachliche Elemente. Auch hier steht die Ausbildung zum militärischen Führer im Mittelpunkt. Die ROA sollen für spätere Verwendungen an Bord bzw. an Land fachlich qualifiziert werden und so viel maritime Prägung erhalten, dass sie im späteren Zivilberuf die Interessen der Marine kompetent vertreten können.

Die Marineschule Mürwik ist sicherlich das »Flaggschiff« unter den vier Schulen der Marine – schon aufgrund ihrer langen Tradition und der repräsentativen Liegenschaft an der Flensburger Förde[14]. Sie arbeitet eng mit der Marineunteroffiziersschule in Plön als zweiter Schule der Marine für den Führungsnachwuchs sowie der Marineoperationsschule in Bremerhaven und der Marinetechnikschule in Parow bei

Ausbildung »Seemännische Basis« an Bord der Gorch Fock

PIZ Marine (Lüers)

9 vergleichbar Höherer Dienst der Beamten
10 Offiziere in den Admiralsrängen
11 vergleichbar Mittlerer Dienst
12 vergleichbar Gehobener Dienst
13 Dotierung A13
14 nicht zu unrecht liebevoll bezeichnet als das »rote Schloss am Meer«

Stralsund als den beiden (fachlichen) Funktionsschulen der Marine zusammen. Erst die Summe gut aufeinander abgestimmter Lehrgänge befähigt die jungen Marineoffiziere, ihren anspruchsvollen Dienst in der Flotte anzutreten und den ständig neuen Herausforderungen dieses Berufs auftragsorientiert und flexibel zu begegnen.

Fazit und Ausblick: An der Marineschule in Flensburg-Mürwik wird der gesamte Offiziernachwuchs der Marine auf die hohen Anforderungen des Soldatenberufs vorbereitet. Die dortige Ausbildung verbindet mit Hilfe modernster Erkenntnisse der Erwachsenenbildung die Vermittlung von Führungskompetenz mit den klassischen Elementen der Seefahrt und den neuesten Errungenschaften der Technik. Der Marineoffizier ist heute zugleich Vorgesetzter, Menschenführer, Manager und Teamleader in einem hochtechnisierten, überaus interessanten Arbeitsumfeld. Wesentliche Merkmale des Offizierberufes sind die akademische Ausbildung, Fachkompetenz in den Bereichen Nautik und militärische Grundlagen sowie die ausgeprägte Fähigkeit, Menschen fordernd und einfühlsam zu führen (vgl. hierzu auch www.marine.de).

Als besondere und zukünftig noch wachsende Herausforderung wird die Rekrutierung und Heranbildung einer adäquaten Anzahl qualifizierter OA gesehen, die sich auch zum Seeoffizier berufen fühlen. So werden in den kommenden Jahren infolge des demografischen Wandels in Deutschland immer weniger Jugendliche die allgemeinbildenden Schulen verlassen, um eine Berufsausbildung zu beginnen. Da hier aber auch zusätzliche Themenkomplexe wie Vereinbarkeit von Familie und Beruf, Einsatzalltag und -belastung sowie die Anziehungskraft einer boomenden freien Wirtschaft ausschlaggebend sind, dürften die gesamte Marine und die Bundeswehr gefordert sein, um gemeinsam nach zukunftsweisenden Konzepten und Strategien zu suchen und auf die beruflichen Möglichkeiten in den Streitkräften aufmerksam zu machen.

Zu den prägendsten Ausbildungsabschnitten für die jungen Kadetten gehört zweifellos die seemännische Basisausbildung auf der Gorch Fock, die – vergleichbar einer Lehrgruppe – zur Marineschule Mürwik rechnet und dem Kommandeur MSM direkt unterstellt ist. So bildet die im Jahre 2008 ihr 50-jähriges Indienststellungsjubiläum feiernde Bark als bekanntestes deutsches Schiff zugleich auch einen enormen Anziehungspunkt für den Nachwuchs an Offizieranwärtern und ist heute aus der Vorbereitung der Kadetten auf ihren von den Elementen geprägten Alltag an Bord nicht mehr wegzudenken.

Die folgenden Ausführungen durch den derzeitigen Kommandanten, Kapitän zur See Norbert Schatz, sind daher Information und Werbung zugleich und zeugen von einer herausragenden Hinwendung zu einer Ausbildungsplattform, um die uns viele Marinen mit Recht beneiden.

Fassade des Südflügels der Marineschule Mürwik *WGAZ MSM*

Marineschule Mürwik

Im Stadtteil Flensburg-Mürwik, der der »Alma Mater« der Marineoffiziere ihren Beinamen gab, wurde 1906 der Grundstein zu dem nach großzügigen Plänen des Marinebaurates Adalbert Kelm errichteten neugotischen Backstein-Gebäudes gelegt. Es wurde in Anlehnung an die Marienburg südöstlich von Danzig (ehemals Westpreußen und Sitz des Deutschen Ritterordens) konzipiert und in weniger als vier Jahren erbaut. Die dann am 21. November 1910 durch den damaligen deutschen Kaiser Wilhelm II. eingeweihte Marineakademie der Kaiserlichen Marine wurde nach wechselvoller Geschichte Ende des Zweiten Weltkrieges abwechselnd als Krankenhaus, Zollschule und Hochschule genutzt.

Vom 3. Mai 1945 an diente die Marineschule kurzzeitig der geschäftsführenden Reichsregierung unter Großadmiral Karl Dönitz bis zu seiner Festnahme am 23. Mai als Regierungssitz.

Seit 1956 wurde das zu den schönsten und beeindruckendsten Bauwerken Norddeutschlands zählende »rote Schloss am Meer« wieder für die Ausbildung des künftigen Führungspersonals der Deutschen Marine genutzt. Es steht heute unter Denkmalschutz und gehört zu den weithin sichtbaren Wahrzeichen an der Flensburger Förde.

Auftrag MSM

- Ausbilden des Offiziernachwuchses – sowohl zum Offz TrD als auch zum Offz MilFD und zum Reserveoffizier;
- Weiterbilden der jüngeren Marineoffiziere zumindest bis auf KpChef-Ebene;
- Weiterentwickeln der Lehre;
- Agieren als eine zentrale Tagungsstätte der Marine (z.B. Kommandeurtagung) und der Bundeswehr;
- Fördern streitkräftegemeinsamer und internationaler Kooperation durch zielgerichtete Ausbildung, Personalaustausch, Kontaktpflege, Abschluss internationaler Ausbildungsabkommen mit unseren europäischen Partnerakademien, z.B. in Gdingen, Dartmouth und Brest, sowie gegenseitige Besuche und Sportwettkämpfe;
- Unterstützen bei der nautischen Ausbildung anderer Ressorts wie Bundespolizei See, Lotsenbrüderschaft NOK und nautische Fachschule Flensburg;
- Öffnen der Schule nach außen – auch als Stätte für kulturelle Veranstaltungen, um die Marine einer breiteren Öffentlichkeit näher zu bringen;
- Schaffen einer maritimen Heimat sowie Beitragen zu einer gemeinsamen Identität und zum inneren Zusammenhalt als »Alma Mater« für alle deutschen Marineoffiziere.

Der Auftrag der Marineschule Mürwik besteht vor allem darin, den Offizieranwärtern und jungen Offizieren Werte und Grundeinstellungen zu vermitteln und sie zu verantwortungsvollem und werteorientiertem Handeln zu erziehen. Ziel ist es, weltoffene moderne Führungspersönlichkeiten mit beispielgebendem Berufsverständnis, kooperativem Sozialverhalten und interkultureller Kompetenz heranzubilden. Dazu stehen ihr über 200 Soldaten und zivile Mitarbeiter als Stammpersonal zur Verfügung.

PIZ Marine
(Horst Dehnst)

PIZ Marine

Segelschulschiff Gorch Fock trifft 2007 im Nordatlantik vor Neufundland auf Eisberge

PIZ Marine

Segelschulschiff GORCH FOCK – fünf Jahrzehnte erfolgreicher Einsatz

Ihre Tradition

Mehr als 160 Jahre gibt es sie: die Segelschulschiffausbildung der deutschen Marine. Und begonnen hat alles 1844. Mit der Segelkorvette AMAZONE. Die »schwimmenden Schulen« sollten den jungen Kadetten die Praxis des seemännischen Handwerks veranschaulichen, wie sie in dieser Form nur auf einem Großsegler vermittelt werden können. Vor allem dienten sie jedoch seit jeher zur charakterlichen Ausbildung der jungen Männer, der Anerziehung von Einstellungen und Werten, wie man sie von einem angehenden Marineoffizier erwartet. Unmittelbar nach dem Untergang der PAMIR, 1958, beschloss die Marineführung nach langen Diskussionen und gegen viele Bedenken, diese Tradition wieder aufzunehmen. Mit dem Segelschulschiff GORCH FOCK – heute auch als GORCH FOCK II bezeichnet. Die befindet sich seit nunmehr 50 Jahren im Dienste der Deutschen Marine. Kein anderes deutsches Kriegsschiff ist älter. Neben der Ausbildung, welche nach wie vor die Hauptaufgabe auf dem Schiffes ist, wird die GORCH FOCK vor allem als repräsentative Plattform im In- und Ausland genutzt und unterstützt die diplomatischen Vertreter der Bundesrepublik bei ihrer Arbeit nachhaltig. Durch die Teilnahme an zahlreichen internationalen Regatten und Großseglertreffen hat die Bark einen hohen Anerkennungs- und Beliebtheitsgrad in der internationalen Seglergemeinschaft erlangt. Weit über die deutschen Grenzen hinaus bekannt, erregt dieses Schiff weltweit großes Interesse und Neugier.

Die Ausbildung an Bord

»Die Hauptaufgabe des Segelschulschiffes ist die Ausbildung der Unteroffizier- und Offizieranwärter (OA) der Marine«, so ist es überall nachzulesen. Aber was genau hat man sich eigentlich unter einer Ausbildung auf einem Segelschulschiff vorzustellen? Und warum (eine gern und oft gestellte Frage!) kann man diese nicht auf den grauen Einheiten der Flotte durchführen?

Die Antwort ist einfach: die sind nicht dafür vorgesehen. Damit soll nicht das Leistungs- und Fähigkeitspotenzial unserer Flotte geschmälert werden. Ganz im Gegenteil! Die

Der Autor dieses Beitrages, Kapitän zur See Norbert Schatz, ist seit dem 9. Februar 2006 Kommandant des Segelschulschiffes. *PIZ Marine*

Gorch Fock beim Ablegen von der Blücherbrücke gegenüber dem Landeshaus in Kiel im August 1975 *Slg. DMI*

Rechte Seite:
Der legendäre Bordhund »Whisky«, 1962 als »Hauptgefreiter« das damals einzige weibliche Besatzungsmitglied beim »Abschreiten« der Front der zum Segelmanöver angetretenen Kadetten *Slg. DMI*

Kommandogebung mit der Flüstertüte, auch »Megafon« genannt

»Auflaufen«, d.h. Aufheißen der Oberrahen *Abbildungen PIZ Marine*

Einheiten der Einsatzflottillen sind mit einem klar definierten Auftrag versehen, welcher sie voll in Anspruch nimmt und wenig Freiraum für zusätzliche Aufgaben lässt. Im Mittelmeer, am Horn von Afrika und vor der Küste des Libanon bei der Beteiligung an diversen ständigen Einsatzverbänden nehmen unsere Einheiten nicht nur mit großem Erfolg teil, sie werden auch in einem hohen Maße beansprucht. Außerdem sind die hoch spezialisierten Kampfeinheiten weder technisch noch infrastrukturell für eine seemännische Basisausbildung des Marine-Führungsnachwuchses besonders passend ausgestattet. Die Grundlagenausbildung in der Marine soll ganz bewusst einheitlich an den dafür vorgesehenen Ausbildungsstätten durchgeführt werden: Das sind die Schulen der Marine. So versteht sich die Gorch Fock als schwimmende Schule oder, wie es ein Schuldirektor bei einem Besuch an Bord einmal ausdrückte, »als schwimmende Erziehungsanstalt«.

Vor 50 Jahren wurde der einzige niedergeschriebene Auftrag der Gorch Fock formuliert,

Klarieren der Flaggenleine am Besan und Aufentern in die Takelage *Alle Abbildungen PIZ Marine*

Die Kadetten haben zum Segelbergen auf den Rahen ausgelegt.
Slg. Schatz

welcher klare Rahmenbedingungen für die Ausbildung vorgibt und die herausragende Eignung eines Segelschulschiffes für diesen Auftrag verdeutlicht:

Die seemännische Grundausbildung (...) soll Marineoffizieranwärter und seemännische Unteroffiziere mit der See, mit Wind und Wetter vertraut machen. Grundlagen der Seemannschaft werden an Bord vermittelt und praktiziert. Charaktereigenschaften, wie Mut, Selbstüberwindung, Entschlusskraft und Selbstvertrauen, sollen im Seedienst herausgebildet werden. Der Stolz auf gemeinsam erbrachte Leistung fördert Teamgeist und Gemeinschaftssinn.

Heute trägt der Ausbildungsabschnitt auf der Gorch Fock die Bezeichnung »Seemännische Basisausbildung«. Diese Bezeichnung trifft den Kern der Sache. Als Marineangehöriger, gleich welcher Dienstgradgruppe, ist man in erster Linie Seemann! Das seemännische Handwerk bildet die Basis für alle weiteren Ausbildungsabschnitte auf dem Weg zum nautischen Offizier, es ist die Grundlage für situationsgerechtes Handeln an Bord seegehender Einheiten.

Worin unterscheiden sich verschiedene Tauwerkarten und wie stark kann ich sie belasten? Wie funktioniert genau eine Ankereinrichtung? Welche Leinenführungen benutzt man zum Vertäuen seines Schiffes? Und wie kann ich mir diese bei den verschiedenen Anlegemanövern zu Nutze machen? Diese und viele andere Unterrichtsinhalte sollen den Kadetten einen Überblick über die seemännischen Einrichtungen an Bord und, was viel wichtiger ist, ein Gespür für deren Einsatzgrenzen vermitteln. Gegebenenfalls ist dies ein früher Beitrag zur Vermeidung von schweren Unfällen bei seemännischen Manövern. Die perfekte Anwendung des Parallel-Index-Verfahrens bei der Nebelnavigation ist zweifellos wichtig, aber wenn beim anschließenden unsachgemäßen Anlegemanöver aufgrund zu starker Beanspruchung eine Leine bricht und ein Besatzungsmitglied dabei schwer verletzt wird, muss sich der aufsichtführende Offizier zu Recht Vorwürfe machen.

Ein weiterer zentraler Punkt der Ausbildung an Bord ist die Vermittlung geophysikalischer Grundlagen. Die auf See herrschenden Elemente zu respektieren und deren Einflüsse auf die eigene Plattform richtig einzuschätzen sind von hoher Bedeutung für die Einsatzfähigkeit von Schiff oder Boot und für die Sicherheit der Besatzung. Um dem Führungsnachwuchs der Flotte diese Kenntnisse zu vermitteln, werden an Bord des Segelschulschiffes die theoretischen Grundlagen der Geophysik unterrichtet. Die Segeloffiziere und der eingeschiffte Meteorologe lehren dazu die Grundlagen der Wetterkunde. Das wäre sicherlich überall möglich, aber die praktische Umsetzung, das eigene, unmittelbare Erleben ist nirgendwo eingängiger als auf einer kalten, nassen Nachtwache auf dem vor überkommender See ziemlich ungeschützten Oberdeck oder in der im Sturm heulenden und pfeifenden Takelage. Das, unter anderem, macht das Segelschulschiff so einmalig. Nach dem theoretischen Unterricht geht der Kadett an Oberdeck, vergleicht die herrschende Windgeschwindigkeit mit der Beschaffenheit der Wasseroberfläche und stellt fest, dass sich diese tatsächlich von dem charakteristischen

Traditionelles Fancywork
Slg. Schatz

Einlaufen in Kiel nach Abschluss der Weltreise am 22. Juni 1988. Gorch Fock führt den traditionellen Heimatwimpel. *PIZ Marine*

Blick vom Besanmast (linke Seite) auf das Mitteldeck und Matrose O. A. Jürgen Mannhardt auf der Rah im Sommer 1973 *Slg. Mannhardt*

Seegangsbild ableiten lässt. Zugleich merkt er, wie sich der Wind und der Seegang unmittelbar auf das Schiff und auf ihn persönlich auswirken. Die meisten Offizieranwärter fahren an Bord der Gorch Fock zum ersten Mal zur See und sammeln somit auch ihre ersten Erfahrungen mit der Seekrankheit. Der persönliche Umgang mit Übelkeit oder Schwindelgefühl und die Eigenmotivation, dagegen anzukämpfen, erfordern ein großes Maß an Selbstüberwindung. Gerade unter den Extrembedingungen, die das Leben auf einem Segelschulschiff mit sich bringt, offenbaren sich charakterliche Schwächen und körperliche Defizite. Diese zu erkennen, sie zu bekämpfen, sie abzustellen ist eine der maßgeblichen Aufgaben der Ausbilder an Bord und des einzelnen Lehrgangsteilnehmers. Spätestens an diesem Punkt sollte deutlich werden, dass mit dem Begriff Ausbildung genau genommen Erziehung gemeint ist. Denn es ist letztlich Charakterbildung, worin der eigentliche, wahre Wert einer Segelschulschiffausbildung liegt.

Selbst die Unterbringung auf der Gorch Fock trägt dieser Zielsetzung Rechnung. Auf engstem Raum leben unter Deck, in den so genannten Divisionsdecks, bis zu 138 Menschen. Geschlafen wird in nur für die Nachtzeit aufgehängten Hängematten, alle persönlichen Habseligkeiten müssen in

Das Segelschulschiff (links) bei leichter Brise im August 1975 *Slg. DMI*

Mit backgebrasstem Großtopp liegt die Bark aufgestoppt (oben), um einen Kutter aussetzen zu können. *PIZ Marine*

Fieren eines Kutters zum Bergen einer Rettungsboje *PIZ Marine*

Kuttergasten beim Zurückpullen zum Schiff im Sommer 1963 *Piz Marine*

Rechte Seite:
Das Segelschulschiff macht gute Fahrt bei voller Besegelung und Backstags-Brise.
Slg. DMI

Polieren der Belegnägel aus Messing *Slg. Schatz*

einem winzigen Spind Platz finden. Unter derartig beengten Verhältnissen wird man regelrecht dazu gezwungen, seinen »Mitbewohnern« Toleranz entgegenzubringen, Rücksicht zu üben und sich selbst ein wenig zurückzunehmen. Unter Deck ist kein Platz für egomanische Individualisten. Die Privat- und Intimsphäre ist auf ein Minimum begrenzt, jeder Einzelne hat sich den Bordgegebenheiten anzupassen, um ein kameradschaftliches Miteinander zu gewährleisten. Auch an Oberdeck findet sich dieses Prinzip wieder. Die Handhabung der Takelage erfolgt ohne technische Hilfsmittel mit reiner Muskelkraft. Dies erfordert den vollen körperlichen Einsatz eines jeden. Das Bewusstsein, das auch der Stärkste alleine nichts bewegen kann, selbst der Schwächste jedoch seinen Beitrag leisten muss, trägt wesentlich zur Förderung von Teamgeist bei und lässt aus der Stammbesatzung und den Lehrgangsteilnehmern eine verschworene Gemeinschaft werden. Einen Sturm abgewettert, das Schiff sicher an sein Ziel gebracht zu haben ist auf der Gorch Fock immer ein Verdienst der gesamten Besatzung.

Rudergänger unter Sonnenschutz in den Tropen *Slg. Schatz*

Stagsegelgasten am Klüverbaum *PIZ Marine (Claret)*

Deckschrubben im Team *Slg. Schatz*

„Schadensbearbeitung dient der
Bearbeitung von Materialverlusten
oder Materialbeschädigungen, die
beispielsweise durch
unsachgemäße Behandlung,
Diebstahl, Unfälle oder Schw
zustande kommen."
MARINE

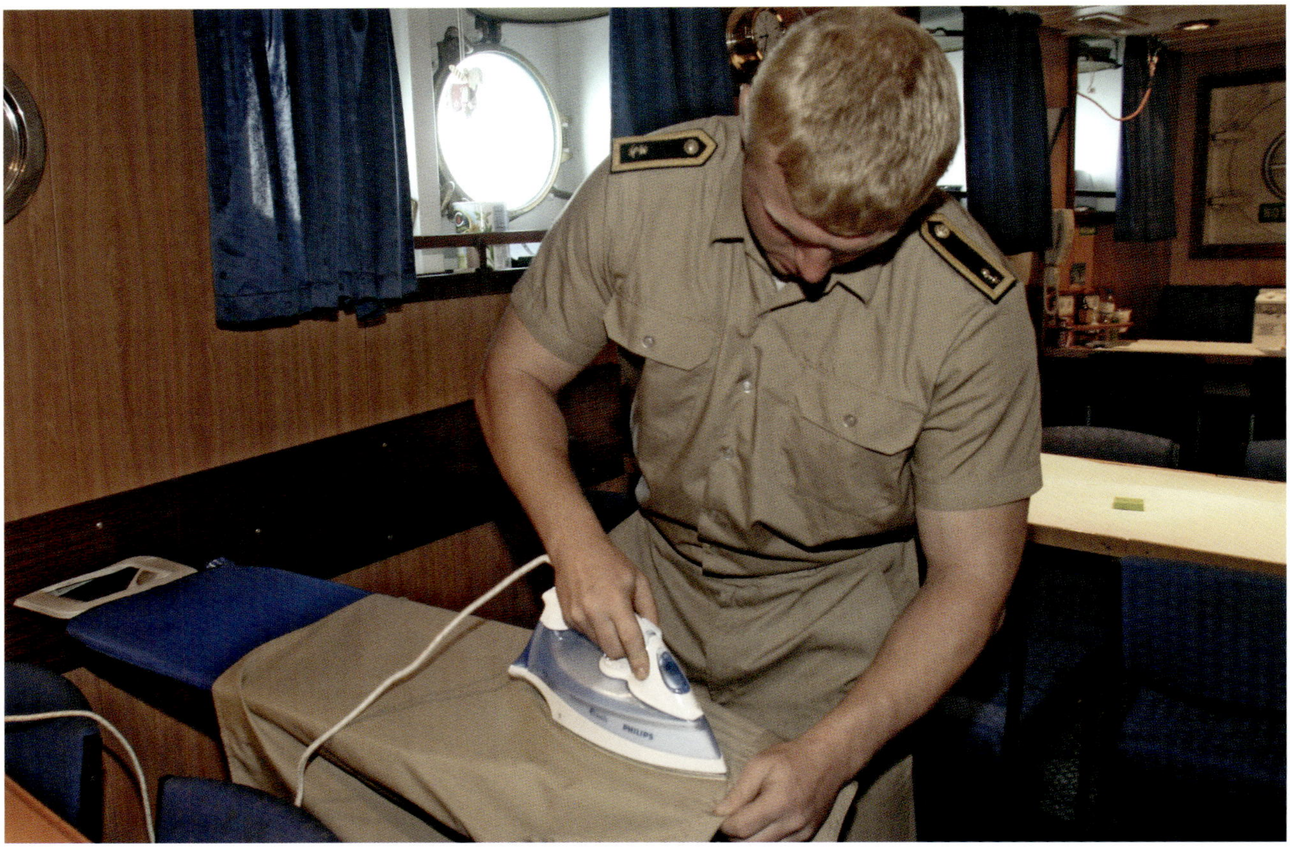
PHILIPS

Linke Seite: Unterricht im Wohndeck (oben);
Zeugdienst auch für Unteroffiziere (unten) *Abbildungen Slg. Schatz*

Der Schmutt, ein Kochsmaat, beim Brotschneiden mit der Maschine in der neu eingerichteten Kombüse (oben, *Slg. Schatz*) und von Hand (rechts, *Slg. Manfred Ohde*)

Denn: Der Zusammenhalt der Besatzung ist von elementarer Bedeutung! Trotz zunehmender Automatisierung unserer Schiffe und Boote zeigt sich bei Gefechtsübungen und simulierten Notsituationen immer wieder, dass gerade dieser Zusammenhalt der Crew entscheidend für den Kampfwert eines Kriegsschiffes ist.

Das Lehrgangsdasein auf dem Schulschiff hat aber auch noch wesentlich profanere Aspekte. Der überwiegende Verlauf der Offizierausbildung bietet dem OA recht angenehme Arbeitsumstände. Der Tagesdienst folgt einem festgelegten Stundenplan und endet gewöhnlich zur Abendbrotzeit. Reinigungskräfte erledigen das Säubern der Stuben und Waschräume. Die Unterbringung erfolgt in komfortablen 2-Mann-Stuben. Diese Annehmlichkeiten sind an einer Schule, vor dem Hintergrund der theoretischen Unterrichtung, sicherlich sinnvoll. Erleichtern sie es dem OA schließlich, sich bestmöglich auf seinen Lehrgang zu konzentrieren und dort gute Leistungen zu erbringen. Die Realität auf See spiegelt diese Lebensform jedoch nicht wider. Als zukünftige militärische Vorgesetzte werden die

Kadetten beim Kartoffelschälen und die neue Kombüse (unten)
Alle Abbildungen PIZ Marine

Rechte Seite: Kartenhaus mit Radarsichtgeräten
Elektronische Navigationsgeräte im Kartenhaus

DRAX
211210280

Kadetten im Wohndeck beim Verstauen der Backen und Bänke 1973 *Slg. Mannhardt*

Derselbe Raum nach der Modernisierung 2007 *PIZ Marine*

Wäschewaschen an Oberdeck mit Seewasser 1973 *Slg. Mannhardt*

Der 1.600 PS starke Antriebsdiesel, über dem die Damen der Besatzung Dessous zum Trocknen aufgehängt haben *Slg. Manfred Ohde*

BBC
DEUTZ
MWM
DEUTZ
MWM
DEUTZ
MWM

Fahrstand des Antriebsdiesel (unten)

Der Navigationsmaat (rechts) bei der Arbeit in der Seekarte im Kartenhaus *Abbildungen Slg. Manfred Ohde*

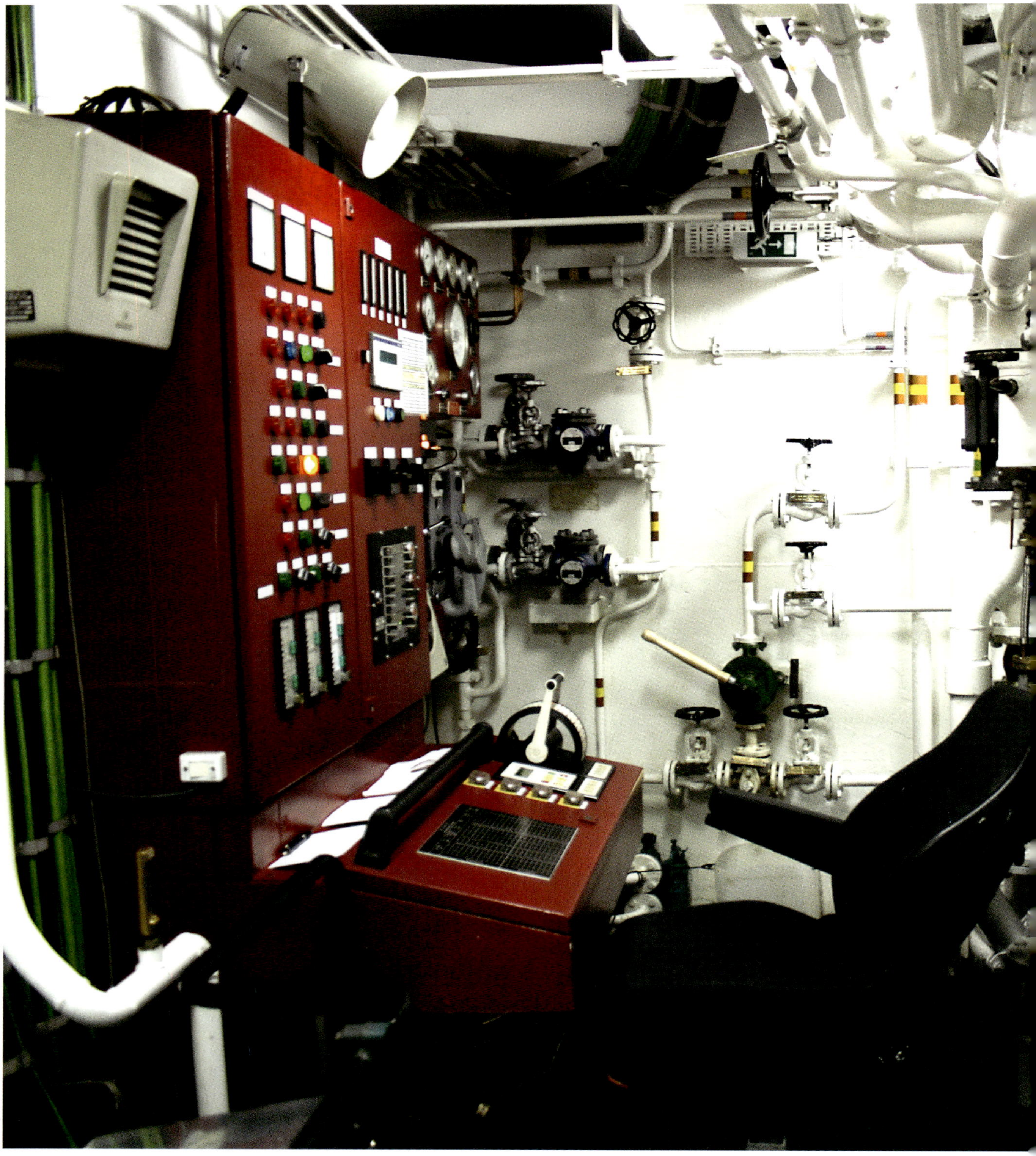

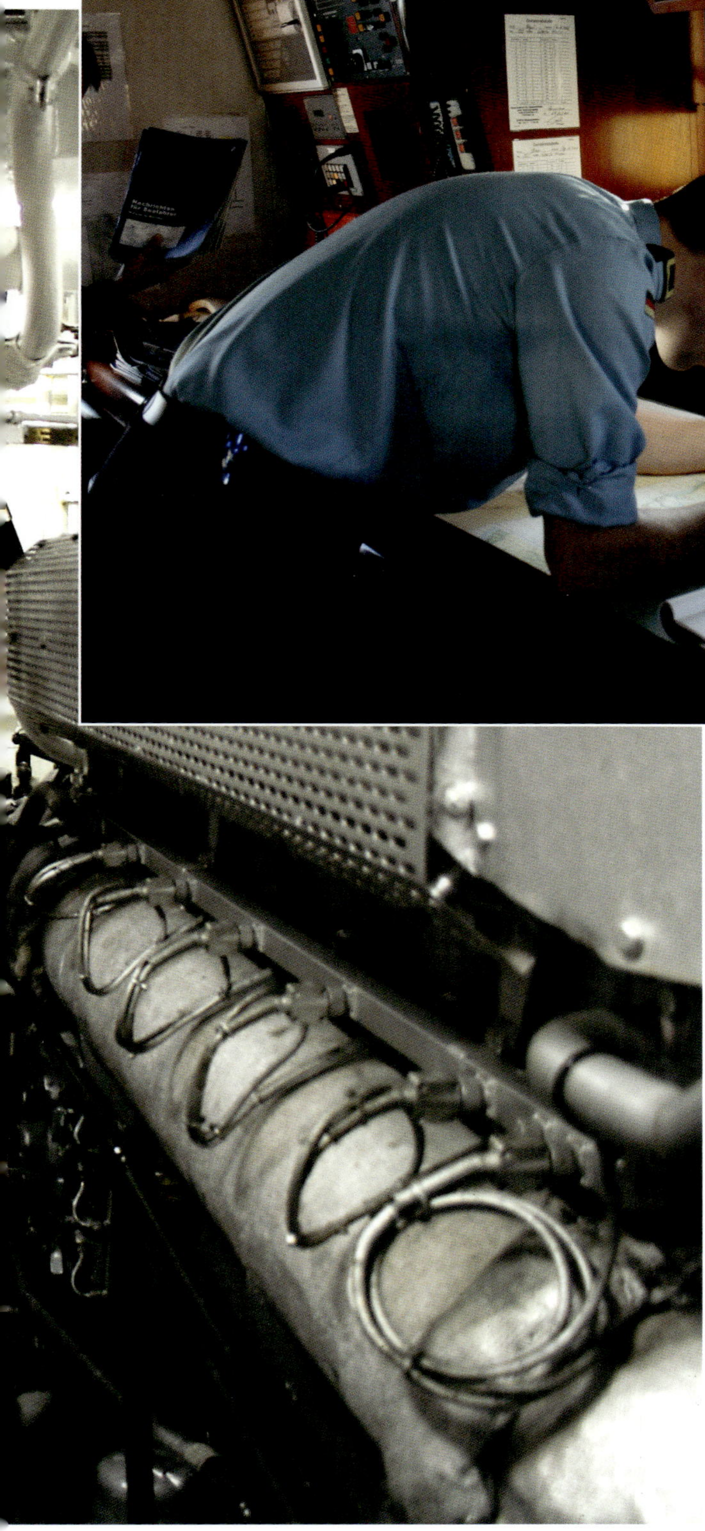

OA auf der Gorch Fock das erste und letzte Mal im Verlauf ihrer Ausbildung in die Situation versetzt, der sich ihre zukünftigen Untergebenen tagtäglich ausgesetzt sehen. Den Unmut eines Untergebenen, der den dritten Tag in Folge die Toiletten putzen soll, kann man nur nachvollziehen, wenn man selbst einmal auf Knien das WC reinigen musste. Sicherlich bildet das Leben auf der Gorch Fock nicht in allen Aspekten haargenau die Realität in der grauen Flotte ab. Dennoch wird so den OA ein Gefühl für die Probleme und Bedürfnisse vermittelt, die gerade die unteren Dienstgradgruppen an Bord beschäftigen. Eine sehr wichtige Lehre in vernünftiger Menschenführung, eine Investition in die Zukunft.

All diese Ausbildungsaspekte erscheinen vordergründig sehr marinespezifisch. Dennoch hatte zwischenzeitlich aber auch das Deutsche Heer den Wert solch einer Segelschulschiffausbildung für sich entdeckt. In den Jahren 2005 und 2006 kommandierte die Offizierschule des Heeres in Dresden jeweils einen Hörsaal zur Teilnahme an dem Ausbildungsabschnitt »Seemännische Basis« auf die Gorch Fock ab. Nach der Rückkehr an ihre Schule wurden die betroffenen Hörsäle von ihren Ausbildern als sehr homogen beschrieben, wobei besonders der Umgang miteinander und die gegenseitige

Hängematten gezurrt an Deck (ganz links)

... beim Aufhängen (unten links)

... an ihren Plätzen (links)

... klar zum Schlafen (große Abbildung)

Alle Manfred Ohde

Linke Seite:
Stürmisches Wetter. Die Besatzung trägt Ölzeug. *Slg. Schatz*

Das Segelschulschiff auf Kurs hart am Wind in der Ostsee in einer Böe mit dem zur Besichtigung des Lehrganges eingeschifften Kommandeur der Marineschule Mürwik an Bord um 1980 *PIZ Marine*

Linke Seite: Es brist auf. Gorch Fock 2007 im Nordatlantik *PIZ Marine*

In einer Sturmböe legt sich das Schiff auf die Seite und eine See steigt ein. Der Mann auf der Leeseite muss dabei ein unfreiwilliges Bad nehmen. *Slg. Schatz*

Unterstützung als ausgeprägter Hörsaalcharakter auffielen. Beide Hörsäle schlossen ihre Ausbildung jeweils als Jahrgangsbeste ab.

Der Botschafter in Blau

Aus gutem Grund findet sich die Funktion des »Botschafters in Blau« in der Gliederung hinter der Ausbildung eingereiht. Diese Aufgabe ist tatsächlich nirgends in offiziellen Dokumenten schriftlich niedergelegt (der STAN-Auftrag umfasst ausschließlich die Ausbildung) und gehört somit eigentlich auch nicht zu den primären Aufgaben des Segelschulschiffes. Vielmehr ist die Gorch Fock im Laufe der vergangenen Jahrzehnte schlichtweg in diese Funktion hineingewachsen. Längst wird inzwischen auch von der Marineführung die Repräsentationsrolle als Selbstverständlichkeit angesehen und zielgerichtet genutzt.

Als Kriegsschiff ohne Bewaffnung genießt die Gorch Fock bei allen Hafenbesuchen hohes Ansehen und erfreut sich bei dem regelmäßig stattfindenden »OPEN SHIP«, also dem Öffnen des Schiffes für die Bevölkerung, großer Beliebtheit, wobei die Besucherzahlen nicht selten in die Tausende gehen. Nach der ersten Reise des Schiffes beobachtete der damalige Kommandant, Wolfgang Erhardt, »überwältigende Empfänge« in den Auslandshäfen und bezeichnete die Gorch Fock als »diplomatischen Eisbrecher«. Erhardts fester Wille war es, »das Bild vom schlechten Deutschen« aufzubessern, was ihm und den nachfolgenden Kommandanten zweifellos gelungen ist. Schon in diesen frühen Jahren der Gorch Fock hatte sich gezeigt, welche Wirkung das deutsche Segelschulschiff in der Öffentlichkeit besitzt, dass es sprichwörtlich Türen und Tore öffnen und Grenzen überwinden kann.

Diese Reputation haben sich bis heute auch viele Politiker zu Nutze gemacht und das deutsche Segelschulschiff als repräsentative Plattform für diplomatische Empfänge genutzt. Die ehemaligen Bundespräsidenten Heinemann, Scheel, Carstens, von Weizsäcker, Herzog und Rau nutzten bereits diese PR-Bühne. Auf den Planken der Gorch Fock begrüßte der deutsche Bundespräsident bei Staatsempfängen unter anderem den norwegischen König Olaf V. und die schwedische Königsfamilie. Darüber hinaus gehörten auch die ehemaligen Verteidigungsminister Dr. Manfred Wörner, Volker Rühe sowie der ehemalige Bundesinnenminister Otto Schily zu den Gästen des Schiffes. 2007 stattete der deutsche Außenminister Dr. Frank-Walter Steinmeier dem Schiff zum Ende der UN-Vollversammlung in New York einen Besuch ab.

Als Repräsentant der Bundesrepublik Deutschland passiert das Segelschulschiff 2007 unter voller Besegelung die Freiheitsstatue vor New York. *PIZ Marine*

Ablegen von der Blücherbrücke in Kiel mit auf den Rahen paradierenden Kadetten im Sommer 1963 *Slg. DMI*

Um den Begriff des »diplomatischen Eisbrechers« nochmals aufzugreifen, sollen an dieser Stelle auch die drei Besuche der Gorch Fock in Haifa/Israel Erwähnung finden. Im Mai 1987 war das Segelschulschiff auf Einladung des Flottenchefs der israelischen Marine als erstes deutsches Kriegsschiff nach 1945 zu Gast in Israel. Die teilweise noch vorhandenen Ressentiments gegenüber diesem Besuch wurden durch das vorbildliche, höfliche Auftreten der Besatzung weitgehend zerstreut. Unter anderem besuchte eine Abordnung des Schiffes in Uniform das Holocaust-Museum in Jerusalem, was einen überaus positiven Eindruck bei den Israelis hinterließ und großen Anklang in den Medien fand. Aufgrund der guten Erfahrungen und der hervorragenden diplomatischen Beziehungen zwischen den beiden Ländern folgte das Segelschulschiff einer weiteren Einladung im Jahre 1997. Der letzte Anlass zum Besuch der Gorch Fock in Haifa war das 40-jährige Bestehen der diplomatischen Beziehungen zwischen Deutschland und Israel im Jahr 2005. Neben dem Besuch verschiedener Gedenkstätten und einer Kranzniederlegung stellte der Empfang der deutschen Botschaft an Bord des Schiffes den Höhepunkt des fünftä-

Der Kommandant, K.z.S. Hans Engel, im Gespräch mit dem US-Verteidigungsminister McNamara und dem Bundesminister der Verteidigung Kai-Uwe von Hassel im Sommer 1963 (oben)

Der Kommandant, K.z.S. Peter Lohmeyer, im Gespräch mit Prinz Philip während der Kieler Woche 1966 (unten)

Abbildungen Slg. DMI

Im Sommer 1973 besuchte Bundespräsident Heinemann die GORCH FOCK, hier zusammen mit dem Kommandanten, K.z.S. Hans Freiherr von Stackelberg *Slg. DMI*

gigen Aufenthaltes dar. Wiederum waren die Medien voll des Lobes über das vorbildliche und freundliche Auftreten der Soldaten.

Neben den Auftritten als »Botschafter in Blau« sind die Auslandshafenbesuche der GORCH FOCK auch immer wieder von unschätzbarem Wert für das deutsche Konsularkorps im Ausland. Die Cocktailempfänge des Schiffes am Einlauftag sind für die Angehörigen des Auswärtigen Amtes regelmäßig eine höchst willkommene Gelegenheit, um bestehende Beziehungen zu wichtigen Größen aus Politik, Wirtschaft und Militär zu pflegen und um neue Kontakte zu knüpfen. Die Einladungen, genauer gesagt die Auswahl der Gäste für die Empfänge, werden demzufolge auch nicht durch das Schiff, sondern in aller Regel durch die deutsche Botschaft und das jeweilige örtliche Konsulat ausgesprochen.

Angesichts dieser einmaligen Repräsentationsmöglichkeiten wird es kaum verwundern, dass die Reiseplanung des Schiffes nicht mehr ausschließlich vor dem Hintergrund der Ausbildung stattfindet, sondern auch unter Berücksichtigung politischer und diplomatischer Erfordernisse des deutschen Staates. Nicht immer ist es möglich, diese beiden Aufgaben vollends miteinander in Einklang zu bringen. Es ist nicht zu verhehlen, dass der Auftrag des Schiffes zur seemännischen Ausbildung gelegentlich auch mal hinter dem Auftrag zur Repräsentation zurückstehen muss. So ist es mitunter erforderlich, große Strecken aus Zeitgründen unter Maschine zurückzulegen. Daraus resultiert letztlich ein geringerer Zeitanteil der Segelausbildung. Dieses Argument gilt es also wohl zu bedenken, soll allerdings nicht als einseitiges Plädoyer gegen den »ungeschriebenen Auftrag« verstanden werden. Beinhaltet die Öffentlichkeitsarbeit des Schulschiffes doch ein weiteres Ausbildungspotenzial: Durch die Teilnahme

Verabschiedung des Schulschiffes durch den Kommandeur der Marineschule Mürwik, Flottillenadmiral Helmut Kampe, im April 1975 *Slg. DMI*

Der Kommandant, Kapitän zur See Michael Brühn (ganz links), zusammen mit dem Marineattaché 2003 bei einem Empfang des Bürgermeisters von Dartmouth

Bundesaußenminister Frank-Walter Steinmeier lässt sich 2007 vom Kommandanten, Kapitän zur See Norbert Schatz, in New York den Mechanismus der Ruderanlage erklären (rechts).

Bundesminister der Verteidigung Peter Struck zu Besuch auf der Gorch Fock (unten) *Abbildungen PIZ Marine*

Eine Abordnung der Schulschiffsbesatzung bei der Teilnahme an einer Parade in Norfolk, Virginia 2007 *PIZ Marine*

an den Bordempfängen, an Kranzniederlegungen oder einfach durch das uniformierte Auftreten in der Öffentlichkeit gehen die Kadetten ihre ersten Schritte auf dem diplomatischen Parkett und werden sich somit frühzeitig ihrer Wirkung in der Öffentlichkeit bewusst. Diese Erfahrung wird von den OA durchweg als sehr positiv und hilfreich empfunden. Somit hat auch oft selbst das Auslandhafenprogramm einen hohen Ausbildungswert für die Persönlichkeitsbildung der angehenden Marine-Führungskräfte.

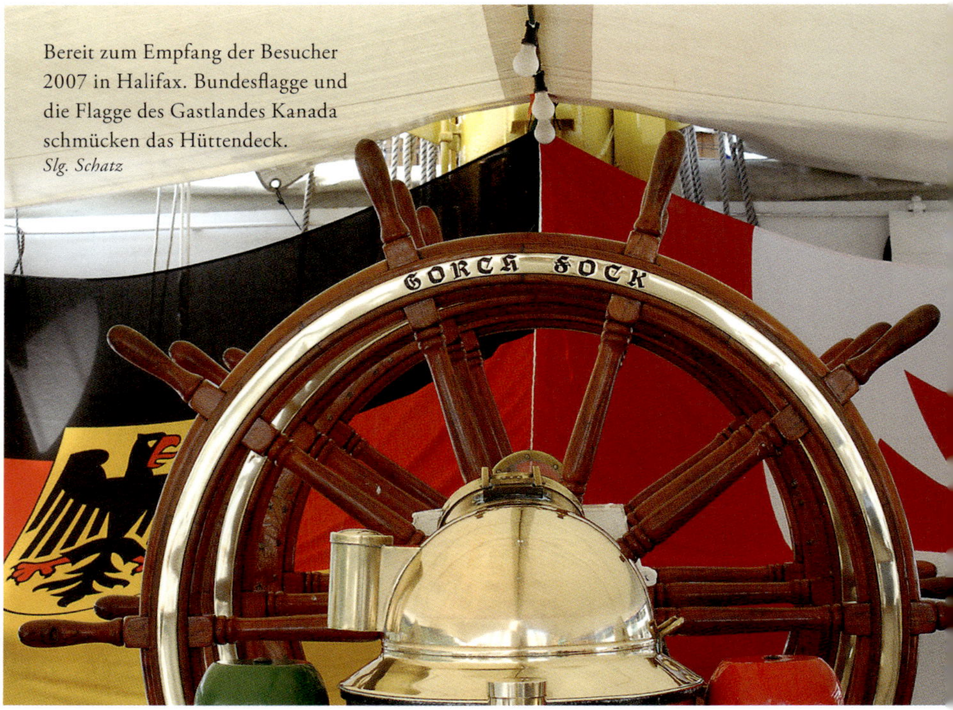

Bereit zum Empfang der Besucher 2007 in Halifax. Bundesflagge und die Flagge des Gastlandes Kanada schmücken das Hüttendeck. *Slg. Schatz*

Repräsentationsraum in der Kommandantenkajüte im Achterschiff *PIZ Marine*

Der internationale Großsegler

Einen weiteren wesentlichen Beitrag zur Völkerverständigung und zum Ansehen Deutschlands hat die GORCH FOCK in der Vergangenheit durch die Teilnahme an zahlreichen Regatten und Großseglertreffen geleistet. Nicht nur durch die Teilnahme, sondern auch durch die beeindruckenden Ergebnisse. Als Mitglied der Internationalen Seglervereinigung hat das Schiff an 15 Regatten teilgenommen und dabei acht erste, vier zweite, zwei dritte und einen vierten Platz belegt. Zudem gelang es der Bark im Zeitraum 1964–1985 fünf Mal, den »Boston Tea Pot« zu gewinnen, eine Trophäe für die größte zurückgelegte Strecke auf dem Atlantik innerhalb von 124 Stunden. Die »Five Sisters Trophy«, ein Wanderpokal für das schnellste Schiff unter den fünf baugleichen Schulschiffen TOVARITSCH, MIRCEA, EAGLE, SAGRES und GORCH FOCK, ziert seit 1976 den Kommandantensalon der deutschen Bark. Neben dem sportlichen Wettkampf nehmen aber auch die anschließenden Veranstaltungen zur Jugend- und Völkerverständigung einen mindestens ebenso großen Stellenwert ein. Bilden doch die Großseglertreffen für die Besatzungen immer wieder ganz bewusst eine willkommene Gelegenheit zum Erfahrungs- und Meinungsaustausch. Nicht selten ergeben sich aus diesen Begegnungen auch Freundschaften, die Zeit und Raum überdauern. Für die Kadetten eignen sich diese Treffen besonders, um mal den berühmten »Blick über den Tellerrand« zu wagen und um sich über die Offizierausbildung in anderen Marinen oder über verschiedene Traditionen und Bräuche zu informieren. Die beste Gelegenheit dazu bietet sich im Rahmen des so genannten »CROSSPOL«, eines zeitlich befristeten Austausches von Besatzungsteilen. Gerade zwischen den fünf Schwesterschiffen wird diese beliebte Tradition bei jeder Begegnung, sei es in See oder im Hafen, gerne genutzt. Zuletzt bot sich dem

Gottesdienst an Bord in einem britischen Hafen *PIZ Marine*

Das Segelschulschiff
vor der Skyline
in New York 2007
PIZ Marine

Segelschulschiff der amerikanischen Coast Guard, Eagle, und der Gorch Fock bei einer zufälligen Begegnung vor der amerikanischen Ostküste im Jahr 2007 die Gelegenheit zu einem kurzfristigen Besatzungsaustausch.

Nicht selten finden die bereits erwähnten Großseglertreffen im Rahmen eines Hafenfestes statt, welches die Marine gerne nutzt, um sich mit der Gorch Fock der Öffentlichkeit zu präsentieren. Zu den bekanntesten Großseglerfestivals in Deutschland zählen unter anderem die SAIL BREMERHAVEN, die HANSE SAIL Rostock und natürlich die KIELER WOCHE, deren Windjammerparade das deutsche Segelschulschiff in der Vergangenheit regelmäßig angeführt hat. Gleichermaßen ist das Schiff auch auf internationaler Bühne als Repräsentant Deutschlands vertreten. So nahm es unter anderem am 4. Juli 2000 zum Anlass des amerikanischen Unabhängigkeitstages an der Großseglerparade vor New York teil, die vom damaligen amerikanischen Präsidenten Bill Clinton persönlich abgenommen wurde. Im Jahr 2007 wurde die Gorch Fock nach Norfolk/Virginia eingeladen zu den Feierlichkeiten der SAIL VIRGINIA 400. Den Anlass bildete das 400-jährige Gründungsjubiläum Jamestowns, der ersten Stadtgründung europäischer Siedler auf dem amerikanischen Kontinent. Genau ein Jahrhundert zuvor war zur damaligen 300-Jahr-Feier Kaiser Wilhelm II. Gast dieser Veranstaltung, die als offizielle Feier der Geburtsstunde der amerikanischen Besiedelung gilt.

Der Sympathieträger mit romantischem Mythos

Nach dem Segelschulschiff der Deutschen Marine befragt, kommen den meisten Menschen zuerst Gedanken an traumhafte Sonnenuntergänge auf hoher See in den Sinn. Bilder von palmenbewachsenen Karibikstränden, der Geschmack von Salzwasser und das Gefühl der großen Freiheit stellen sich ein – kurzum: Seefahrerromantik macht sich breit. Das ist schließlich auch ganz gut so. Allerdings sieht die Realität natürlich etwas anders aus. Vor den traumhaften Sonnenuntergängen vor karibischer Kulisse stehen im Allgemeinen sehr harte Arbeit, viel Schweiß und zahlreiche Entbehrungen. Der Realitätsgehalt der Vorstellungen der Öffentlichkeit über die Gorch Fock ist aber auch gar nicht von so entscheidender Bedeutung. Wesentlich ist der bemerkenswerte Bekanntheitsgrad, den die Gorch Fock in der Bevölkerung genießt und infolgedessen der Wert für die Marine. Die Popularität des Schiffes geht sogar so weit, dass sich ganze

Kadetten der Gorch Fock posieren 2007 zusammen mit einem portugiesischen Seekadetten vor einem Kriegerdenkmal.
Eines der typischen Erinnerungsfotos. Zwei Kadetten 2007 vor der portugiesischen Atlantikküste

Abbildungen Slg. Manfred Ohde

Abendstimmung am früheren Liegeplatz an der Blücherbrücke in Kiel 1973 *Slg. Mannhardt*

Bevölkerungsteile mit dem »weißen Schwan« identifizieren. In Schleswig-Holstein spricht man allerorts nur von »unserer GORCH FOCK«. Als seinerzeit die Pläne über die Verlegung des Segelschulschiffes von ihrem angestammten Liegeplatz an der Blücherbrücke in den Marinestützpunkt Kiel bekannt wurden, sorgte dies in der Landeshauptstadt im Jahre 1994 für einen großen Aufschrei und führte zu einer noch nie da gewesenen Solidarisierung mit dem Schiff. Auch wenn diese letzten Endes nicht verhindern konnte, dass es seine neue Heimat im Tirpitzhafen fand, war diese partei- und gesellschaftsübergreifende Solidaritätsbekundung ein bemerkenswerter Vorgang. Weitere Zeichen der norddeutschen Verbundenheit zur GORCH FOCK sind die Übernahmen der Patenschaften für das Segelschulschiff durch die Stadt Hamburg im Jahre 1958 und durch den schleswig-holsteinischen Landtag im Januar 1982. Die Freundschaft wird durch das Führen der jeweiligen Wappen in den Masten der GORCH FOCK symbolisiert.

»Botschafter in Blau«. Ein kleiner Flirt in Tromsø im Sommer 1969 *Slg. DMI*

Rechte Seite: Gorch Fock mit Lichterkette an der Tirpitzmole in Kiel 2004 *PIZ Marine*

Durch die ständige Präsenz in den Medien und die zahlreichen Auftritte des Schiffes in der Öffentlichkeit weckt die Gorch Fock großes Interesse an der Seefahrt allgemein und an der Marine im Besonderen und ist somit von unschätzbarem Wert für die Nachwuchsgewinnung der kleinsten Teilstreitkraft. Befragt man einen Marineoffizieranwärter nach seinen Beweggründen für die Entscheidung zur Marine zu gehen, so lautet die Antwort nicht selten: »Ich wollte unbedingt einmal auf der Gorch Fock fahren.«

Das deutsche Schulschiff war jedoch nicht nur Werbeträger für die Marine, sondern ein Teil ihrer über 2.000 qm messenden Segelfläche wurde in der Vergangenheit auch schon anderweitig als Werbefläche genutzt. Das knapp 200 qm große Focksegel führte in den Jahren 1998 bis 2000 die Aufschrift »EXPO 2000« als Werbung für die in Deutschland stattfindende Weltausstellung. Damals trug das Schiff diese Nachricht im Zuge seiner Auslandsausbildungsreisen unter anderem nach Lissabon, Tuzla,

Beim Passieren der Freiheitsstatue von New York 2007 (links)

Auch nach 50 Jahren ist die traditionelle seemännische Handarbeit auf einem Rahsegler immer noch notwendig.

Abbildungen Slg. Schatz

»Heiß die Segel!«
Slg. Schatz

»Toppsgasten enter auf!«
PIZ Marine

Rechte Seite:
Festmachen der Segel auf den Rahen
PIZ Marine

Großes Abbildung: Der damalige Fregattenkapitän Thomas Georg Hering meldet als Kommandant die zur Besichtigung angetretene Besatzung.

Kommandantenwechsel 1997 (ganz oben)

Kommandantenwechsel 2006, der scheidende Kommandant, Kapitän zur See Brühn, wünscht seinem Nachfolger Kapitän zur See Schatz »Mast und Schotbruch sowie allzeit eine Handbreit Wasser unter dem Kiel«.

»Abpullen« des Kommandanten (unten). Nach altem Brauch wird der scheidende Kommandant mit dem Kutter von seinen Offizieren an Land gepullt. Hier ist es Kapitän zur See Brühn im Februar 2006.

Alle Abbildungen PIZ Marine

Der Kommandant in Aktion,
hier Kapitän zur See Michael Brühn

Unter Vollzeug bei guter Brise und ruhiger See
in der Ostsee macht das Segelschulschiff gute Fahrt.

Abbildungen PIZ Marine

Heimkehr von der Weltreise am 22. Juni 1988. Das Schiff führt den Heimatwimpel im Besan.
PIZ Marine

Gorch Fock im Dock. Man erkennt die yachtartig scharfen Linien des Segelschulschiffes und die Querschubanlage am Bug. *Slg. Schatz*

Linke Seite:
Zum Manöver angetretene Besatzung im August 1999

Zuweisung der Aufgaben an die Wache durch den Segeloffizier im August 1999

Auslaufen der Gorch Fock aus dem Hafen von Rostock im August 1999 (oben)

Besucherandrang zur Besichtigung nach dem Einlaufen in Rostock im August 1999

Alle Abbildungen BMVg (Noll)

Constanza, Poti, Istanbul, Venedig, Nizza, Vigo, Cadiz, Hamilton, Charleston, Norfolk, Baltimore, New York und Cork. Allerdings war die Verwendung der Gorch Fock als Werbeträger ein einmaliger der damaligen besonderen nationalen Bedeutung der Veranstaltung geschuldeter Vorgang.

Die Popularität des deutschen Segelschulschiffes geht weit über die deutschen Grenzen hinaus. So wurde unter anderem 1983, anlässlich des 25. Geburtstages der Gorch Fock, eine Sondermarke in Nordkorea mit der Silhouette des Schiffes herausgegeben. Nicht das einzige Mal, dass die Bark in dieser Form zu Ehren kam. Von 1963 an zierte der Dreimaster bekanntermaßen 32 Jahre lang die Rückseite des 10-Mark-Scheines und erlangte damit einen für ein Marineschiff bis dato niemals erreichten Bekanntheitsgrad.

Nach diversen Buchveröffentlichungen, Herausgaben von Briefmarken und der Emission des berühmten 10-Mark-Scheins in der Vergangenheit wird der Gorch Fock in diesem Jahr erneut in fast gleicher Weise gedacht.

Zum 50-jährigen Jubiläum des Schulschiffes gibt die Deutsche Post eine Sonderbriefmarke heraus und das Finanzministerium bringt eine 10-Euro-Münze in Umlauf. Auch diese numismatischen Sonderstücke sollen unter anderem dazu beitragen, eine stolze Leistungsbilanz zu untermauern:

Unser 50-jähriger Jubilar, die Gorch Fock, blickt zurück auf die erfolgreiche Ausbildung von 14.000 Kadetten und Unteroffizieren, dem Führungsnachwuchs fast zweier Marinegenerationen. Insgesamt 100 Mal lief das Schiff aus seinem Heimathafen Kiel zu Auslandsausbildungsreisen aus, in deren Verlauf 350 Hafenbesuche in 55 Ländern auf fünf verschiedenen Kontinenten stattfanden. Der schlanke Bug des Schiffes bahnte sich dabei über 700.000 Seemeilen (dies entspricht 32 Erdumrundungen) seinen Weg durch die Weltmeere – vielleicht die beste Antwort auf die Frage nach dem Wert und der Notwendigkeit eines Segelschulschiffes!

Rechte Seite:
Gorch Fock am alten Liegeplatz an der Blücherbrücke in Kiel *PIZ Marine*

Der von Dr. Heinrich Andreas Schroeteler geschaffene Albatros, der gelegentlich »flügge« geworden ist *Slg. Manfred Ohde*

Militärischer Bereich!
BLÜCHERBRÜCKE

Ein Bild aus den 1980er-Jahren: »Trotz der frühen Morgenstunde erwartete eine tausendköpfige Menschenmenge den Großsegler. Unter vollen Segeln und mit einem exakten Manöver legte die GORCH FOCK am Kai an.« *Slg. DMI*

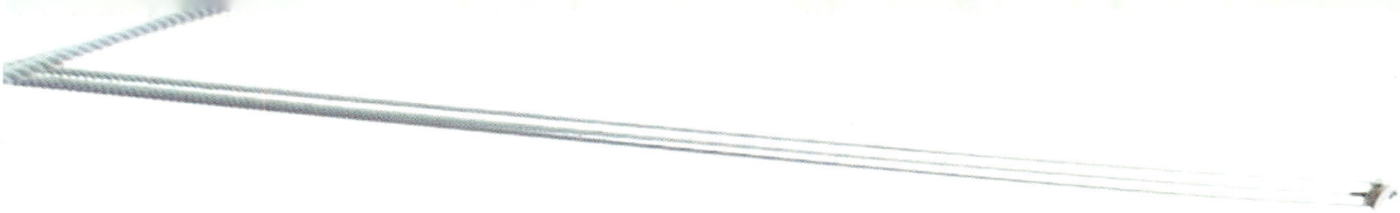

Nach Rückkehr von der Auslandsausbildungsreise verlassen die Kadetten das Segelschulschiff. *PIZ Marine*

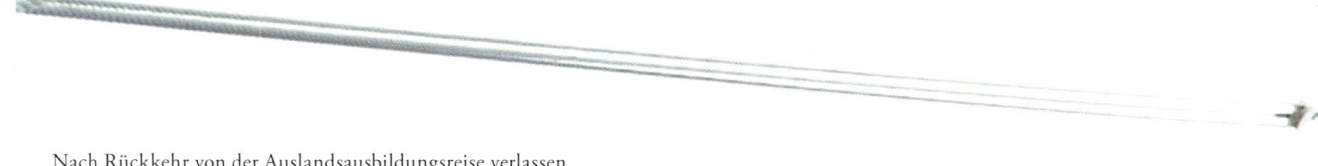

Kapitän Immo von Schnurbein im Jahr 2000 am Kartentisch auf der LILI MARLEEN *Slg. v. Schnurbein*

Erfolg mit der GORCH FOCK und eine Karriere danach

Interview mit Immo von Schnurbein

Herr von Schnurbein, die GORCH FOCK wird demnächst 50 Jahre alt. Sie haben lange Zeit Leben und Ausbildung auf diesem Schiff maßgeblich beeinflusst; umgekehrt hat aber auch dieser Segler Ihr Leben geprägt. Wie oft, wie lange jeweils und in welcher Funktion waren Sie eigentlich auf der GORCH FOCK?

von Schnurbein: Ich hatte in meiner Dienstzeit vier Versetzungen auf die GORCH FOCK. Vom Frühjahr 1962 bis Herbst 1964 war ich Segeloffizier, also ca. zweieinhalb Jahre. Dann folgten zwei Jahre als Stammdivisions- und Takelageoffizier von 1968 bis 1970. Nach der Führungsakademie kam ich direkt wieder auf die GORCH FOCK und war von 1973 bis 1976 drei Jahre Erster Offizier.

Zehn Jahre später, 1986 im März, wurde ich dann Kommandant, und das blieb ich bis zum Ende meiner Dienstzeit im Sommer 1993, also fast sieben Jahre. 14 Jahre meiner 35 Marinejahre war ich somit auf dem Segelschulschiff.

Zu Ihrem Einfluss auf die Segelausbildung in der Bundeswehr, insbesondere als Kommandant der GORCH FOCK: Es hat den Anschein, als ob Sie den Versuch gemacht haben, dieser Ausbildung den klischeehaften Anschein von Abenteuerurlaub und Segelromantik ein wenig zu nehmen zugunsten eines mehr sachlichen Bildes von kompetenter Seemannschaft. Sehen wir das richtig?

von Schnurbein: Das ist zumindest in der Tendenz zutreffend; ich war immer bemüht, das Segelschulschiff als eine in erster Linie seemännische, fachbezogene Ausbildungseinheit darzustellen, eine Einheit also, die vorbereitet auf den Dienst an Bord der Einsatzfahrzeuge der Marine. Nüchterne Sachlichkeit in der seemännischen und militärischen Ausbildung passen zu unserem Berufsbild. Ein Schuss Abenteuersinn und Romantik mag sich aus der Sache heraus einstellen und geben dem Alltag die Würze, da ist die Marine nicht alleine, die Gebirgstruppen und die Fallschirmjäger sind auch Beispiele dafür.

Haben Sie sich im Bezug auf die Außenwirkung dieses Schiffes nicht auch bewusst deutlich von Kommandanten vor Ihnen abgesetzt?

von Schnurbein: In Bezug auf die Außenwirkung des Schiffes habe ich mich am dienstlichen Auftrag orientiert. Alle persönlichen Schnörkel und Verzierungen habe ich vermieden, was nicht heißt, dass ich nicht auch meinen eigenen Stil hatte. Jeder bringt eben das nach vorne, was er für wichtig hält. Ganz sicher wollte ich niemanden kopieren und Aktionen um eines puren Showeffektes wegen oder mit dem Zweck, genau so zu glänzen wie andere vor mir, derlei habe ich mir bewusst untersagt.

Sie haben unseres Erachtens mit noch einem Klischee Schluss gemacht, nämlich dass die Segelausbildung in allererster Linie der Erziehung zur Härte diene. Die vielfach damit verbundene, die Würde des Einzelnen verletzende »Schurigelei« war nicht Ihr Ding. Hatten Sie nicht den Eindruck, dass Sie in Bezug auf den zeitgemäßen Führungsstil in der Bundeswehr, in Bezug auf die Innere Führung, neue Wege auf der GORCH FOCK beschreiben mussten?

von Schnurbein: Wenn ich mich recht erinnere, habe ich mir damals nicht bewusst vorgenommen, in dieser Hinsicht neue Wege zu gehen. Ich habe halt das getan, was ich in der

Barkentine Youth of Oman *Slg. v. Schnurbein*

Menschenführung für richtig hielt und was sich in meiner bisherigen Führungspraxis bewährt hatte. Es stimmt, gelegentlich wurde die Gorch Fock als »Flottenschleifstein« bezeichnet, auf dem um der Härte willen, oder aus welchen Gründen auch immer, in Ton und Methode vom sonstigen Marinestandard abgewichen wurde. Das habe ich zu vermeiden gesucht.

Im Übrigen halte ich Härte in der Ausbildung durchaus für notwendig, besonders wenn sie zur Vorbereitung auf die Anforderungen der rauen Einsatzrealität dient und zur Härte gegen sich selbst erzieht. Aber es kommt eben immer auf den Ton an, der die Musik macht, auf das Klima, das in der Einheit herrscht. Einschüchterung oder Angst und Schrecken zu verbreiten, um die eigene Durchsetzungsfähigkeit zu stärken, sind mit Sicherheit der falsche Weg. Drill um des Drilles willen hat mir nie und nirgends gefallen. »Was du nicht willst, das man dir tu, …« usw., das gilt eben überall im Leben.

In den 70er- und 80er-Jahren fing man in der Bundeswehr an, in Systemen zu denken. Schiffe und Boote wurden zu Waffensystemen. Kann man so sagen, dass Sie versucht haben, die

GORCH FOCK zu einem Ausbildungssystem für die seemännische und soldatische Persönlichkeitsbildung werden zu lassen?

von Schnurbein: So ausdrücklich kann ich das nicht bestätigen. Dieses Denken in Systemen habe ich auf das Segelschulschiff nicht bewusst übertragen. De facto kann man natürlich sagen, es ist so etwas in der Richtung gewesen. Alles an Bord sollte dem Ziel der Ausbildung, und zwar Fachausbildung mit Persönlichkeitsbildung eng verschränkt, dienen. Ich habe die GORCH FOCK auch immer als Teilstück des Gesamtsystems Ausbildung in der Marine gesehen. Der Ausbildungsauftrag stand für mich auch immer als Ziel im Vordergrund, also als ein »in sich geschlossenes Ausbildungssystem« habe ich das Segelschulschiff nicht gesehen.

Wir glauben, dass Sie der GORCH FOCK und ihren jeweiligen Besatzungen sehr viel gegeben haben. Nicht umsonst hatten Sie dadurch ein herausragendes Image in der Marine, so dass für jedermann Ihr Vorname genügte, um zu wissen, wer gemeint war. Aber umgekehrt haben auch Sie sehr viel von der GORCH FOCK »zurückbekommen«, etwa an Erfahrung. Das Schiff hat doch auch Sie und Ihre Persönlichkeit nachhaltig geprägt, nicht wahr?

von Schnurbein: Ja, das stimmt, ich habe sehr viel von der GORCH FOCK, wenn Sie das so ausdrücken wollen, zurückbekommen. Sie hat mein Leben, meinen Beruf als Seemann und Soldat – auch meine Person – ganz nachhaltig geprägt. Aber das ist so diffizil, so persönlich, dass ich mich schwer tue, in Details zu gehen und dabei das Wesentliche zu treffen.

Würden Sie's trotzdem probieren?

von Schnurbein: Gut, ich probiere es. – Da ist zuallererst die Verantwortung, die auf einem lastet, gemischt mit dem Gefühl der Abhängigkeit von Wetter und See, also die ständige Aufmerksamkeit gegenüber der Natur. Der Gegensatz zwischen der oft bedrückenden Weite des Raumes, der Allmacht, der See und dann der Enge und Verletzbarkeit des Schiffes, das wechselt ab mit der Freude über die Stärke und die Kraft des Seglers, die Tüchtigkeit und die Ausdauer der Besatzung und die Zufriedenheit und Bestätigung, die die Beherrschung des Schiffes unter Segeln oder auch Motor geben.

Tagelang, wochenlang das Leben auf See allein mit dem Schiff und den Menschen seiner Besatzung, das Auf und Ab zwischen Reibungen und Harmonie, das Bemühen, die Balance zwischen strikter Disziplin und kameradschaftlichem Vertrauen zu halten, die Selbstzweifel und die Sorge

zu genügen, alles wohl bedacht zu haben, keine Fehler zu machen, »never be caught napping«, den Anspruch den man an andere erhebt, selbst zu erfüllen. Dann der Kampf gegen eigene Müdigkeit oder Trägheit! Außerdem Beispiel sein, Mut machen und Ansporn geben, auch wenn man selbst bedrückt ist, das prägt. Und dann ist da das Zutrauen und Vertrauen, das die Besatzung in einen setzte, die vielen täglichen Zeichen der unbefangenen Freundlichkeit und der Zusammengehörigkeit; auf der anderen Seite die Achtung, die man vor seiner Besatzung bekommt, wenn man die Ausdauer und beharrliche Härte der Männer im Alltäglichen und in der Ausnahmesituation erlebt.

Ja, das waren für mich die wohl wesentlichen, prägenden Eindrücke.

Alles andere, die Reisen, die Menschen im In- und Ausland, das Zusammentreffen mit herausragenden Persönlichkeiten, fremde Kulturen und Länder, gesellschaftliche Höhepunkte, lustige Gesellschaften, das alles gehörte auch

Die Barkentine Lili Marleen, ein Rahsegler, den Kapitän von Schnurbein als Kreuzfahrtschiff führte.
Slg. v. Schnurbein

dazu, aber es scheint mir nicht so unbedingt und ausschließlich mit dem Segelschiff verbunden zu sein.

Soweit also mein Versuch, Ihre Frage etwas eingehender zu beantworten.

Ihre Fachkenntnisse in der Segelausbildung sind die ideale Überleitung zu einem neuen Thema: Ihre GORCH-FOCK-Erfahrung war im Ministerium so geschätzt, dass Sie eines Tages sozusagen »dienstlich an den Oman ausgeliehen« wurden. Wie kam es dazu? Was hat Sie an der Aufgabe gereizt?

von Schnurbein: Nun, ganz so glorreich war es nicht! Die Marine hat mich nicht ausgeliehen, sondern sie hat mich, wohl eher missbilligend, ziehen lassen. Die Initiative ging von mir aus. Ich bat um Beurlaubung unter Verzicht auf alle Bezüge und wurde dabei vom damaligen Befehlshaber der Flotte und vom Staatssekretär im Auswärtigen Amt unterstützt.

Ich hatte von einem englischen Kapitän und alten Freund gehört, dass das Sultanat Oman einen Kapitän für das just in England angekaufte Segelschulschiff Captain Scott, nun Shebab Oman (Jugend Oman, Red.), suchte. Ich bewarb mich und die Gegenseite war sofort einverstanden. Nach einigem Hin und Her, und letztlich mit der Hilfe des verständnisvollen Befehlshabers Admiral Klose und mit dem politischen Schub vom Auswärtigen Amt, erhielt ich dann den gewünschten Urlaub und wurde zeitweilig aus der Marine entlassen, d.h. ich gab meinen Dienstausweis ab und meine Dienstzeit ruhte. Dafür hielt ich einen Vertrag als »Contract Officer« in Händen, wurde zum Vertragsoffizier in der Sultan of Oman Navy im Rang eines Muquaddam (Commander) und nach dortigem Reglement behandelt und bezahlt. Soweit zum Ablauf.

Ja, was hat mich eigentlich gereizt?

Ich war damals zwar glücklicher Kommandant eines Versorgers, der Meersburg, und hatte gerade drei Jahre als IO der Gorch Fock hinter mir, aber als Absolvent des 13. ASTO-Lehrganges konnte ich mir ausrechnen, dass nun die Büros in Wilhelmshaven oder sonst wo drohten; davor graute es mir, wie ich es kaum ausdrücken kann.

Ich fühlte mich topfit für den Dienst in der Truppe an Land oder an Bord, hatte eine Schiffstaucherausbildung und den Einzelkämpferlehrgang durchlaufen! Also das Segelschiff, Minensucher, Versorgungsschiffe, die amphibischen Truppen, das war meine Welt, und damit sollte nun Schluss sein?! Da bot sich mir der Ausweg; ein Segelschiff in einem fernen, kaum bekannten und am Anfang der Entwicklung zum modernen Staat stehenden Land zu führen. Ich würde eintauchen in eine interessante neue Welt! Der Islam und die arabische Kultur würden mir nahe kommen, ich würde junge Leute ausbilden auf ihrem Weg aus einer vortechnischen Zeit in die Welt einer modernen Marine. Das war ein Anreiz, eine Herausforderung und eine Aufgabe, wie sie besser nicht zu mir passen könnte. Das bildete ich mir damals jedenfalls ein. Na, und was aus dieser Vorstellung dann wurde, war meine Zeit im Sultanat Oman, so war es.

MS Deutschland, deren erster Kapitän Immo von Schnurbein war
Slg. v. Schnurbein

Von wann bis wann war das eigentlich?

von Schnurbein: Das waren genau 12 Monate, von Mai 88 bis Mai 89.

Welche Erfahrungen aus Ihrer Zeit im Oman würden Sie noch heute als wertvoll und wichtig für Sie einstufen?

von Schnurbein: Diese Zeit im Oman liegt nun schon 28 Jahre zurück; und wenn ich heute alles, was mir damals an Kenntnis und Erkenntnis, auch als Lehre, zuteil wurde, Revue passieren lasse, dann kann ich wohl sagen, da war nichts, was nutzlos oder sinnlos für mich aus heutiger Sicht wäre. Die Antwort wird Ihnen so nicht genügen und Sie werden sicher einige konkrete Punkte hören wollen.

Aber natürlich!

von Schnurbein: Fangen wir am unerwarteten Ende der vielfältigen Palette an. Ich habe viel über England und die Engländer, ihre Gesellschaft und ihre Art zu denken, zu planen und zu arbeiten gelernt; und ich habe gesehen, wie sie im Ausland ihre Sache vertreten und fördern. Ich war der einzige Deutsche unter fast ausschließlich englischen Offizieren und Angestellten im gesamten Verteidigungsbereich Omans und habe unsere Verbündeten einmal außerhalb des Royal-Navy- und NATO-Rahmens erlebt. Das war sehr lehrreich bis zum heutigen Tag.

Nun zum Naheliegenden: In der damaligen Anfangsphase des Aufbaues Omans zum modernen Staat habe ich die Welt des Islams in seiner damals noch kaum von außen beeinflussten Ursprünglichkeit erlebt und in engem, täglichen Kontakt dazu gelebt. Das Bild, das ich in dieser Zeit gewonnen habe, versuche ich mir bis heute zu bewahren. Ich war wirklich beeindruckt von der konsequenten Gläubigkeit der Menschen, der daraus erwachsenden Menschlichkeit, Ehrlich- und Ehrbarkeit, ja auch der Großzügigkeit und Toleranz, die ich dort damals erlebt habe.

Dazu kam noch Folgendes: Ich habe erfahren, was man mit zäher Ausdauer und redlichem Bemühen bei einem solchen Aufbau – in meinem Fall dem Aufbau einer bestimmten Ausbildung – erreichen kann, vorausgesetzt, dass man sich loyal und respektvoll, aber auch nüchtern und sachlich den Gegebenheiten des Landes anpasst.

Oman war tatsächlich eine prägende Erfahrung, auch die Härten von Klima, Krankheit, Sprachproblemen, kulturellen Missverständnissen. Ich denke an die Einsamkeit im privaten Bereich und im Kampf gegen administrative Schwerfälligkeit, auch gegen Unfähigkeit und Missgunst, die ich zu ertragen hatte ohne aufzugeben.

Übrigens war es mir eine eindrucksvolle Lehre, festzustellen, wie man meine Tätigkeit in den eigenen Reihen bewertete, und wie die Reaktion dann später bei der Wiedereingliederung in die Marine war.

Wie war die denn?

von Schnurbein: Na ja, eigentlich nicht sehr positiv für mich. Weder im Führungsstab noch in der P-Abteilung legte irgendjemand Wert auf meine Einblicke in ein solches vom Islam geprägtes Land am Persischen Golf, die man ja innerhalb des A2-Führungsgrundgebietes durchaus hätte nutzen können. Auch an meinen praktischen Erfahrungen und Kenntnissen hatte damals niemand Interesse, und die Führung der Marine ließ durchblicken: »Diesen Abenteurer stecken wir mal in ein Arbeitsgebiet, das ihm überhaupt nicht schmeckt, nämlich in die Logistik.«

Jetzt habe ich Sie von der Beantwortung der vorangegangenen Frage abgelenkt. Sie waren noch nicht fertig mit den konkreten Erfahrungen im Oman.

von Schnurbein: Sie haben Recht, da wollte ich noch eines ergänzen, nämlich last but not least: Sie können sich vorstellen, was für eine seemännisch- und soldatisch-fachliche Erfahrung es war, in dieser Region ein Segelschulschiff in Fahrt zu bringen und dann zu führen und dabei Nachwuchs für alle drei Teilstreitkräfte und die Polizei zu schulen. Wenn Sie bedenken: Der Dofahr-Krieg war gerade beendet und

Kapitän zur See a. D. Immo von Schnurbein und Altbundespräsident Richard von Weizsäcker beim Stapellauf von MS Deutschland
Slg. v. Schnurbein

Kapitän zur See a. D. und Kapitän der Handelsmarine Immo von Schnurbein am Ruder der von ihm geführten Lili Marleen

die Streitkräfte standen durchaus noch unter dem Eindruck der Realität des Einsatzes. Heer und Polizei waren dominierend. Ich hatte viel mit ihnen zu tun und konnte viel hören, erfahren und lernen in dieser Richtung. Mein allgemein militärisches Interesse und auch meine Heereskenntnisse, die ich in der Zeit beim amphibischen Transportbataillon und in der Einzelkämpferausbildung gewonnen hatte, halfen mir zum Verständnis der Situation und beim Umgang mit den einflussreichen Heeres- und Polizeioffizieren. All das hat meinen Blick doch ein gutes Stück über die Welt der Bundeswehr allgemein und der Marine im Besonderen hinausgeführt.

So, nun habe ich etwas weiter ausgeholt, aber dabei noch immer nicht den ganzen Erfahrungsreichtum erfasst. Zusammenfassend kann ich sagen: Ohne die Erfahrung Oman würde mir Wesentliches fehlen.

Kapitän von Schnurbein 1996 auf einer internationalen Bootsausstellung in Hamburg vor dem Modell der Lili Marleen

Abbildungen Slg. v. Schnurbein

Lassen Sie uns etwas Neues ansprechen: Nach Ihrer Pensionierung hat Sie die Reederei Deilmann, genauer gesagt Herr Deilmann persönlich, zu einer Mitarbeit ganz besonderer Art überredet. Sagen Sie uns doch etwas zum »Entstehungsgang LILI MARLEEN«, Sie haben doch hohen Anteil daran, dass dieser Kreuzfahrtsegler in Fahrt kam!

von Schnurbein: Bei meiner ersten Begegnung mit Herrn Deilmann fragte er mich, ob ich denn wohl auch gerne auf einem Segelschiff fahren würde. Meine Antwort war natürlich ja! Darauf sagte er in seiner ganz typischen Art: »Tja, Herr von Schnurbein, wir wollen nämlich eines bauen, und ich mache den Plan auch von Ihrer Mitarbeit abhängig.« Da musste er mich nicht lange überreden, mitzumachen. Herr Deilmann wollte ausdrücklich einen klassisch geriggten Segler, der »richtig« segelt, der also alle Manöver- und Segelfähigkeiten der Handelssegler von ehemals hat.

Bald wurde in Frankreich ein Schiffsrumpf gefunden und nach Elsfleth auf die Werft überführt. Dort wurde er getrennt und – ergänzt um eine Mittelsektion – auf die gewünschte Länge gebracht und mit einem 50-cm-Kastenkiel versehen. Es entstand ein recht ordentlicher Schiffskörper, der gute Segeleigenschaften erwarten ließ.

Bei der Gestaltung der Takelage wurde mir völlig freie Hand gelassen. Ein Glücksgriff war die Zusammenarbeit mit Herrn Detlef Löll und seinem gerade entstandenen kleinen Werft- und Taklerbetrieb. Ich hatte ihn kurze Zeit vorher kennen gelernt und er hatte sich mit der ROALD AMUNDSEN qualifiziert, deren Einsegelkapitän ich war.

Nach Abwägung der zu erwartenden Betriebsbedingungen, des Einsatzprofils der Besatzungsstärke und des Kostenrahmens, entschieden wir uns für eine gemischte Takelage (Rahsegel/Gaffelsegel) und es entstand der Entwurf einer Barkentine-Takelage. Wir hielten uns dabei ganz eng an die Konstruktions- und Entwurfslehre von »Middendorfs Bemastung und Takelung der Schiffe« aus dem Jahre 1903.

Die Firma Löll leistete in Entwurf und Durchführung sehr gute Arbeit und so entstand auf der Elsflether Werft ein guter Segler, dessen Takelage und Segeleigenschaften mich nie enttäuscht haben. Das Schiff ging mehrfach über den Nordatlantik und hat sich besonders bei der winterlichen West-Ost-Überquerung 2002 erstaunlich bewährt. Ein echter Großsegler, der in der Hand einer kleinen, tüchtigen Besatzung alles tat, was man von ihm wollte.

Sie haben doch mit der LILI MARLEEN eine Art Pionierarbeit auf dem Gebiet des Tourismus geleistet.

von Schnurbein: Nun ja, was heißt schon Pionierarbeit? Aber es stimmt: Touristisch war das Schiff ein Erfolg, d.h. es gab einen recht beachtlichen Kundenstamm, der meist liebevoll und engagiert an dem Schiff hing. Wir haben sehr schöne Segelreisen gemacht, und das Schiff hatte im Mittelmeer, in der Golfregion, in Nord- und Ostsee, aber auch in den Atlantikhäfen einen guten Ruf. Wir waren überall willkommen und hatten viele Freunde bei Hafenverwaltungen und Behörden.

2004 hatten wir noch mal eine sehr erfolgreiche Ostseesaison, an deren Ende das Schiff – zu unser aller großen Enttäuschung, wie Sie sich vorstellen können – verkauft wurde. Wirtschaftliche Gesichtspunkte der Eignerinnen (die Erben von Herrn Deilmann) führten zu diesem Schritt. Damit verschwand einer der besten Großsegler, auf denen ich gefahren bin.

Nachdem Sie diesen Segler einige Jahre gefahren hatten, wurden Sie zum ersten Kapitän der neu gebauten DEUTSCHLAND berufen. Wie kam es dazu?

von Schnurbein: Ja, wie kam es dazu? Eigentlich wie der Blitz aus heiterem Himmel für mich.

Um meine Erfahrungen zu erweitern, war ich neben meiner Tätigkeit auf LILI MARLEEN – zumindest als Urlaubsvertretung – auch auf Motorschiffen gefahren. So setzte Herr Deilmann mich dann auch auf MS BERLIN ein. Nach einem dieser Einsätze wurde ich nach Neustadt zur Reederei gerufen und es hieß: »Bringen Sie die Uniform mit, wir wollen Fotos machen.«

Ich kam also und berichtete wie üblich dem Superintendenten, Herrn Prell, dann kam Herr Deilmann ins Büro und unterbrach mich mit den Worten – wieder echt Deilmann: »Ja dann ziehen Sie mal die Uniform an, draußen wartet die Presse, der will ich Sie als Kapitän der DEUTSCHLAND vorstellen.« Das Schiff war noch im Bau, sollte aber bald fertig werden.

Ich war völlig überrascht und machte geltend, es gäbe Kapitäne in der Reederei mit älteren Rechten, darauf Herr Deilmann ganz knapp: »Das lassen Sie mal meine Sorge sein und nun wollen wir die Presse nicht warten lassen.«

So ging das eben bei Herrn Deilmann, und man tat gut daran, keine weiteren Sperenzchen zu machen.

Also wurde ich, ohne es angestrebt zu haben und ohne es zu erwarten, Kapitän des Flaggschiffes und anspruchsvollen Neubaus der Reederei Peter Deilmann und kam zur Bauaufsicht zu HDW in Kiel.

Sehen Sie Ihre spezielle Segelschulschifferfahrung als besonders wertvoll für die Führung solch anderer Schiffe an oder ist sie für Sie eher etwas am Rand Wünschenswertes?

von Schnurbein: Ganz allgemein bin ich der Meinung, dass es kein Nachteil ist, wenn man keine Segelschifferfahrung hat, das beweisen die vielen tüchtigen Kollegen, die nie auf einem Segelschiff waren.

Für mich als Einzelfall und ganz persönlich ist die Segelschifferfahrung eine große Hilfe bei der Führung moderner Schiffe. Sie hat meine seemännischen Sinne und mein Einfühlungsvermögen enorm geschult und geschärft. Vergessen Sie nicht, dass ich bis heute, während ungefähr 20 Jahren meiner Berufszeit, immer wieder zumindest zeitweise auf Segelschiffen war und auf sechs verschiedenen Seglern Kapitänsfunktion hatte. Ich kann daher das Segelschiff aus meiner Berufserfahrung gar nicht wegdenken, genauso wenig wie zum Beispiel die Lehren, die ich aus meinen Einsätzen auf Minensuchern oder auf dem Versorger gezogen habe.

Sie sind bis heute ein gefragter Kapitän bei den verschiedensten Reedereien und Sie haben die unterschiedlichsten Kreuzfahrer geführt. Nennen Sie uns doch einige, die Ihnen etwas Besonderes gegeben haben.

von Schnurbein: Die beiden Segler in der Touristik, Lili Marleen und Star Clipper, haben mir schon besonders Freude gemacht. Vor allem auf der Lili Marleen war ich sehr zu Hause. Aber auch jedes der anderen Schiffe, sieben an der Zahl, hat mir auf die eine oder andere Weise etwas Besonderes gegeben. Einige Beispiele:

- Die Deutschland bereitete anfänglich große Schwierigkeiten, besonders auf der Jungfernfahrt und in der Einfahrzeit. Da werde ich mich an die gute Zusammenarbeit mit den Brücken- und Maschinenteams stets erinnern. Wir sind durch manche Mühe und Belastung in guter Kameradschaft gegangen. Es fiel mir in dieser Zeit nicht immer leicht, mich gelassen auf die mir ungewohnte und besondere Art eines Teils des Kreuzfahrtpublikums einzustellen; um so mehr Ermunterung erfuhr ich aus dem Verhältnis zur Crew. Die Deckscrew zum Beispiel, sie bestand aus Deutschen und Filipinos, hat mich neben guter Arbeit oft durch Frische und Natürlichkeit erfreut. Wenn man es schwer hat von der Sache her, dann ist man umso dankbarer für eine vertrauensvolle Crew. Das war auf der Deutschland ganz besonders so.
- Vistamar und Berlin waren fröhliche Schiffe; und auch hier genoss ich die entspannte Atmosphäre und Zusammenarbeit mit der Crew. Auf Vistamar ging es spanisch zu, und das war wiederum eine neue Welt und Erfahrung für mich.
- San Bay, Corinthion und Clelia II machten mich zum Mitglied der griechischen Schifffahrtswelt und ich war fast wie ein Familienangehöriger im Clan des Reeders. Jan Bay und Corinthian waren sehr gute, handige Schiffe, gebaut auf der Cassens-Werft in Emden, und es war ein Genuss, sie zu fahren.

Auf diesen Schiffen und der Corinthian II hatte ich eine fast rein US-amerikanische Charter mit sehr interessierten und gebildeten Passagieren auf so genannten »Expedition Cruises«. Da waren die obligatorischen Captain-Dinners oft ein intellektueller Genuss. Die Passagiere kamen meist von Universitätsabsolventen-Vereinigungen und machten anspruchsvolle Studienreisen. Ich hatte Begegnungen mit ungewöhnlichen und außergewöhnlichen Persönlichkeiten, z.B. war Elie Wiesel einer meiner Passagiere und Gast beim Essen.

Sie sehen, jedes der Schiffe hat mir etwas mitgegeben und mir etwas bedeutet. Keines möchte ich missen und aus meiner Erinnerung streichen.

Noch einmal zurück zu unserem Jubiläumssegler: Sie hatten doch mit der GORCH FOCK viele Verpflichtungen repräsentativer und diplomatischer Art! Sie waren bekannt dafür, dass Sie sehr unterschieden haben zwischen wichtiger Mission als »Botschafter in Blau« und unnötiger Show. Mögen Sie uns ein Beispiel für Letzteres geben?

von Schnurbein: Eigentlich nein, das ist alles lange her und Einzelfälle will ich nicht wieder aufwärmen. Das ist ja auch eine Frage des Stils und Geschmacks und die wandeln sich im Laufe der Zeit. Ganz grundsätzlich bin ich der Meinung, dass eine Einheit der Streitkräfte, und das ist die Gorch Fock nun mal, Würde und eine gewisse vornehme Zurückhaltung und Schlichtheit im Auftreten und der Selbstdarstellung zu wahren hat. Plattform für Modeschauen, allerlei Werbeveranstaltungen, Fernsehunterhaltungsveranstaltungen, Firmenjubiläen und derartige Dinge sollte unser Segelschulschiff nicht sein, auch wenn das volkstümlich und vermeintlich werbewirksam ist.

Wegen Ihrer Vorliebe für klare Aussagen: Wie stehen Sie zu Sinn und Unsinn der jährlichen Treffen internationaler Großsegler?

von Schnurbein: Die Idee der Großseglertreffen und die damit verbundenen Regatten halte ich für gut und zweckdienlich in vielerlei Hinsicht. Fragwürdig wird die Sache für das Segelschulschiff, wenn es quasi im Rahmen solcher Treffen von Seglerparade zu Seglerparade eilt und die Festesfolge von der eigentlichen Aufgabe ablenkt.

Auch bei diesen Veranstaltungen wird die Grenze zwischen Sinn und Unsinn von der Art der Gestaltung und dem Programm gezogen.

Überdeckt die Volksfest- und Rummelplatzatmosphäre, die pseudoseemännische Folklore und der touristische Aspekt das eigentliche Anliegen – nämlich die Ausbildung und Erziehung auf Segelschiffen im zivilen und im militärischen Bereich –, dann sind wir mehr auf der Unsinnseite!

Stehen Segeln und sportlicher Wettbewerb, die kameradschaftliche Begegnung der Besatzungen, Erfahrungsaustausch, das Voneinanderlernen, fachliche Symposien und international maritime geprägte Geselligkeit im Vordergrund, dann sind wir im Bereich des Sinnvollen!

Eine gut gemachte Seglerparade mit wirklichen Segeln ist eine Pracht! Einen gut organisierten Regattastart wird man so leicht nicht vergessen, das sind wirkliche Höhepunkte.

Im überfüllten Revier dagegen, unter Motor mit backstehenden Rahsegeln gegen den Wind laufend zu defilieren halte ich für eine Fehlentwicklung, die nur die Nerven der Lotsen und Kapitäne strapaziert und den Schiffsverkehr behindert oder gefährdet. Ein Start, bei dem man hauptsächlich bemüht ist, Kollisionen und Havarien zu vermeiden, ist grober Unfug des Veranstalters.

Ich erinnere mich auf der einen Seite an Cocktails und Captain-Dinners, die mir bleibenden Eindruck gemacht haben und eine richtige Freude waren, und auf der anderen Seite an Bälle oder ähnliche Vergnügungen, bei denen sich neben mir auch mancher andere Kapitän gefragt hat, »bin ich hier als Maritimkasper oder was soll ich hier sonst?«.

Sie sehen, die Sache ist an und für sich gut, man muss sie nur entsprechend gestalten.

Herr von Schnurbein,
wir danken Ihnen für dieses Gespräch!

Immo von Schnurbein 2007
Slg. v. Schnurbein

MS Beluga SkySails ein Frachtschiff mit dem innovativen Drachenantriebssystem SkySails, soll ab 2008 den Nachweis erbringen, dass mit einem Zugdrachen von 160 Quadratmetern durch die Nutzung der Windkraft 20 bis 30 Prozent fossiler Energie einzusparen sind. *Beluga Group*

Windunterstützter Schiffsantrieb im Seefrachtverkehr: utopisch oder realistisch?

Die internationale Schifffahrt hat im Verlaufe der letzten hundert Jahre eine einschneidende Umwälzung erfahren, die, ähnlich wie in anderen Bereichen der Weltwirtschaft, epochale und weitreichende Konsequenzen technischer und ökonomischer Art mit sich brachte. Im Bereich der Schifffahrt sind die Merkmale dieser Umwälzung vor allem der Übergang vom Segel- zum Motorantrieb, das Entstehen der unterschiedlichsten, an verschiedenste Güter angepasste Schiffstypen und das Anwachsen der Schiffsgrößen im Generellen. Konsequenterweise musste sich die mit der Schifffahrt zusammenhängende Infrastruktur an Land ebenfalls diesen Tendenzen anpassen.

Diese gesamte Entwicklung hat zur Herausbildung von Transport- und Logistikketten geführt, die über die gesamte Erdkugel gespannt sind und in denen das Schiff lediglich ein integraler Bestandteil ist, das sich möglichst problemlos ein- und anpassen muss.

Somit haben Entwicklungen in der Schifffahrt maßgeblichen Einfluss auf diese Logistikketten, werden aber wiederum auch durch diese geprägt. Wie alle Wirtschaftsbereiche stehen auch diese Transportketten unter erheblichem Effizienz- und daraus resultierendem Kostendruck. Wer in diesem Wettbewerb bestehen will, muss schneller, verlässlicher oder kostengünstiger sein.

Angesichts der Tatsache, dass in der Schifffahrt die Brennstoffkosten einer der größten laufenden Kostenfaktoren darstellt, liegt es nahe, nach Lösungen zu suchen, wie diese wirtschaftlicher gestaltet werden können. Bei der Suche nach technischen Lösungen müssen jedoch eine Reihe von Parametern und Umweltbedingungen berücksichtigt werden. Nur eine ausgewogene Reaktion auf diese Kriterien kann zu Lösungen führen, die als realistisch eingestuft werden können und somit Chancen zur konkreten Realisierung besitzen.

Aus: J. Ackeret, Das Rotorschiff

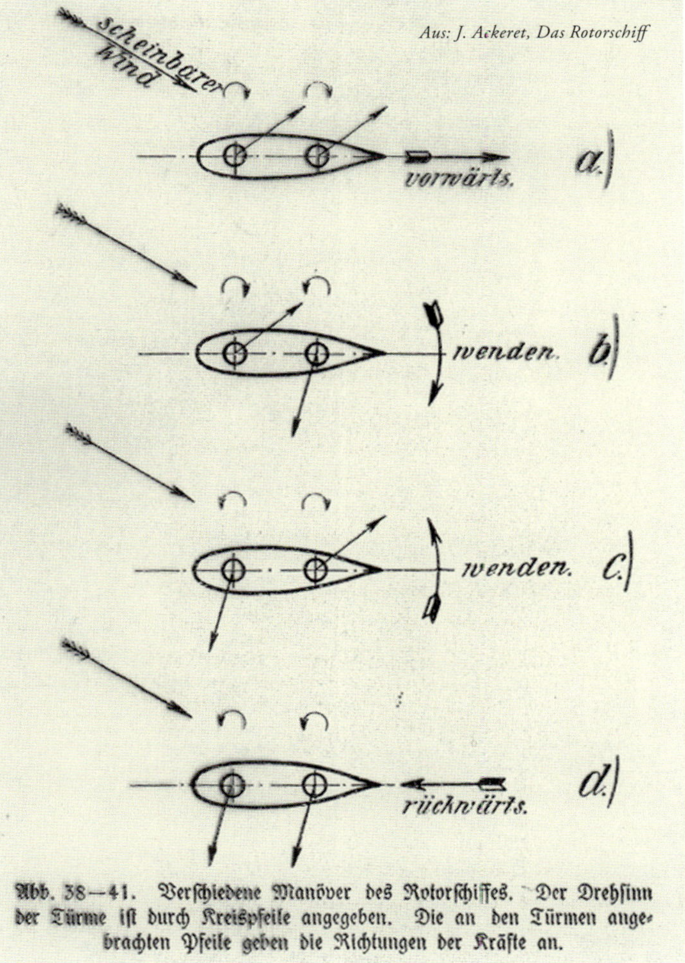

Abb. 38—41. Verschiedene Manöver des Rotorschiffes. Der Drehsinn der Türme ist durch Kreispfeile angegeben. Die an den Türmen angebrachten Pfeile geben die Richtungen der Kräfte an.

Die wichtigsten Parameter

Anforderungen, die der Markt an das Transportmittel »Schiff« stellt, sind im Wesentlichen:

- Geschwindigkeit,
- Tragfähigkeit (Transportvolumen),
- Zuverlässigkeit.

Stimmt die Kombination dieser Anforderungen, erfüllt das Schiff die ihm gestellte Aufgabe zufriedenstellend und ist damit auch wirtschaftlich erfolgreich. Stimmt die Kombination nicht, finden über die weltweiten Marktmechanismen Anpassungen statt, bis eine wirtschaftlich tragbare Lösung gefunden ist.

Jeder der oben genannten Parameter besteht aus einer Kombination aus technischen, wirtschaftlichen, personellen und anderen Komponenten, deren Abhängigkeiten zueinander und zu den äußeren Rahmenbedingungen beliebig kompliziert sind.

Wiewohl alle obengenannten Parameter eine eingehendere Untersuchung verdienen, soll hier besonders der Parameter »Geschwindigkeiten« und damit der Schiffsantrieb im Fokus dieser Abhandlung stehen.

Geschwindigkeit in der Schifffahrt ist zu allererst ein technisches, aber auch ein meteorologisches und geografisches Problem. Angesichts der Tatsache, dass mehr Geschwindigkeit ab einem bestimmten Bereich unverhältnismäßig mehr Leistung und damit Energieeinsatz erfordert, haben sich für die einzelnen Schiffstypen optimale Geschwindigkeitsbereiche herausgebildet, für die der notwendige Investitionsaufwand in vernünftigem Verhältnis zu den erzielbaren Einkünften aus den Frachtraten steht.

Nun sind spätestens seit der ersten OPEC-Krise und ganz besonders in den letzten Jahren niedrige Ölpreise und damit Treibstoffpreise keine Selbstverständlichkeit mehr. Die zunehmend energiehungrige Weltwirtschaft hat als unvermeidbare Folge langfristig steigende Energiepreise, begleitet von kurzfristig zunehmend hektischen Preisausschlägen im Gefolge politischer Ereignisse. Die Option der Energieeinsparung bzw. -substitution wird unter diesen Gegebenheiten immer mehr zu einer dringlichen Forderung. Hier gewinnen »regenerative« Energien immer mehr an Gewichtigkeit.

Jeder Schiffsantrieb wird durch die Form der verwendeten Energie bestimmt. Neben der konventionellen, auf Öl basierenden Antriebstechnik hat es in den vergangenen Jahrzehnten einige interessante Ansätze gegeben, was jedoch an der Fixierung auf fossile Brennstoffe als Energieträger grundsätzlich bis heute nichts geändert hat.

Angesichts der erhöhten technischen Anforderungen, die erforderlich wären, um bekannte oder neue Energieträger wie Atomkraft, Wasserstoff etc. in eine für die Schifffahrt

Aus: J. Ackeret, Das Rotorschiff

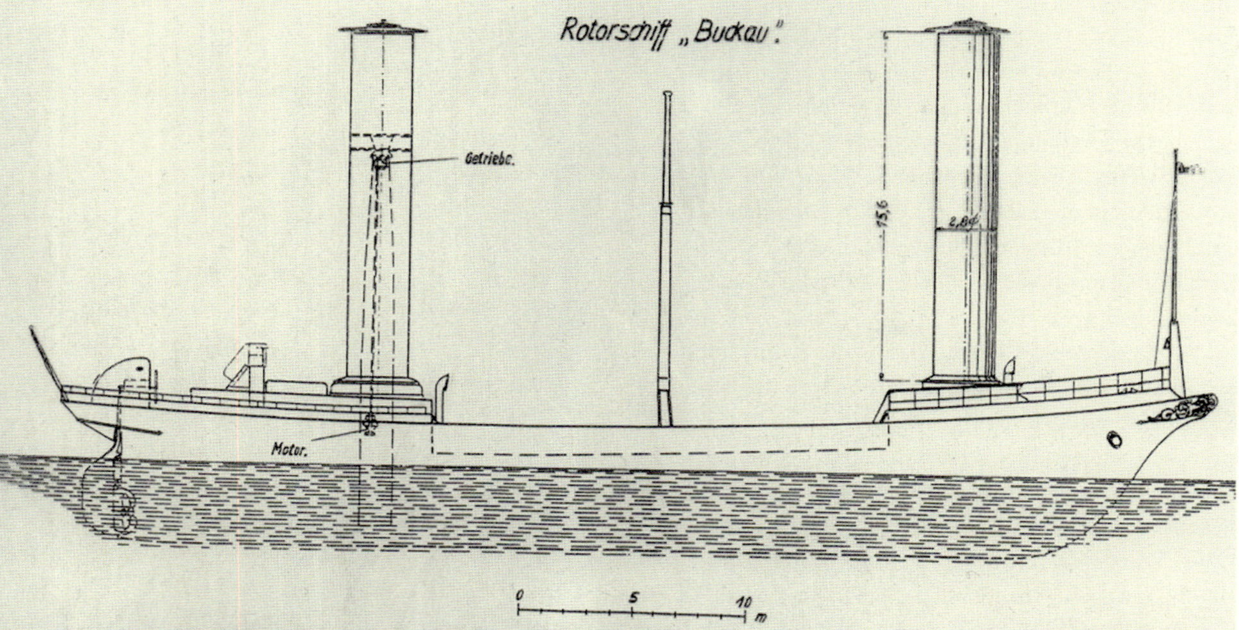

Abb. 45. Zeichnung des Rotorschiffes „Buckau". Unter Wasser ist die Schraube sichtbar, die bei Windstille durch den Hilfsmotor getrieben wird. Im Innern des hinteren Turmes ist das Pivot gestrichelt eingetragen.

Rotorschiff Buckau von 1924 in Hamburg
Zeitgenössische Postkarte

Modell des Rotorschiffes MS Barbara von 1926
Blohm & Voss

verwertbare und vor allem wirtschaftliche Form zu bringen, scheint eine weitreichende Einführung dieser Energieträger nicht denkbar.

So verbleibt als unmittelbare »regenerative« Alternative nur die direkte Anwendung der Windenergie, mit deren Hilfe die Welt bereits in früheren Jahrhunderten gelebt hat.

Seetransport benötigt eigentlich primär nicht Energie, sondern Vortrieb oder Traktion, um die Reibungs- oder Widerstandskräfte zu überwinden. Wind bietet die seltene Möglichkeit, ohne verlustreiche Energieumwandlung den Vortrieb direkt auf das Schiff zu übertragen. Die traditionelle Segeltechnologie, die vor ca. 100 Jahren abgebrochen wurde, überlebt lediglich in Form von Segelschulschiffen und neuerdings Kreuzfahrtschiffen. Trotzdem ist weitergeforscht und -entwickelt worden.

Im Verlaufe der vergangenen Jahrzehnte sind einige verheißungsvolle Neu- und Weiterentwicklungen (Flettner-Rotor, Dynaship, Indosail, Schwab-Rigg usw.) entstanden, die aber bis jetzt letztlich immer am erforderlichen Investitionsaufwand gescheitert sind. Konventionell betriebene Motorschiffe waren durch den günstigen Ölpreis bisher immer in der Lage, den Anforderungen an den Seetransport besser zu entsprechen als Schiffe mit traditionellem oder neuartigem Windantrieb. Infolge der immer weiter steigenden Ölpreise hat sich jedoch in den letzten Jahren und Monaten die Situation deutlich verändert. Entlastungssysteme für die Antriebsanlage von Schiffen auf der Basis regenerativen Energieeinsatzes gewinnen zunehmend an Attraktivität und können zu Einsparungen beim Treibstoffverbrauch führen. Andere zukunftsträchtige Entwicklungen werden davon profitieren und sich gegebenenfalls durchsetzen, wenn die ersten »windunterstützten« Schiffe erfolgreich operieren.

Neuartige »windunterstützte Schiffe« müssen natürlich eine Reihe von Anforderungen erfüllen, wenn sie in der kommerziellen Schifffahrt Verwendung finden sollen. So muss ein solches »alternatives« Schiff im Vergleich zu heutigen Schiffen

- sich in vergleichbaren Geschwindigkeiten bewegen,
- Güter in ähnlichen Größenordnungen transportieren können,
- substantiell weniger konventionellen (fossilen) Treibstoff verbrauchen,
- hinsichtlich Zuverlässigkeit und Sicherheit gleichziehen können,
- sich bezüglich der Investitions- und Betriebskosten in einem annähernd vergleichbaren Rahmen bewegen.

Diese Anforderungen sind aus heutiger Sicht mit einem nur durch Windkraft angetriebenen Schiff nicht zu erfüllen, zumal diese Art von Schiffen naturgemäß vom Fahrtgebiet und den darin angetroffenen Windverhältnissen abhängig ist. Letzteres begrenzt einen einigermaßen Erfolg versprechenden Einsatz solcher Schiffe auf wenige Routen, die unter Umständen nicht mit den internationalen Transportwegen rund um den Globus übereinstimmen.

Windunterstützte Schiffe, das heißt Schiffe, die neben einer konventionellen Antriebsanlage ein Entlastungssystem auf der Basis der regenerativen Windenergie besitzen, können heutzutage im Zeichen der Verteuerung der fossilen Treibstoffe ein probates Mittel sein, um diese Kosten zu reduzieren, und gleichzeitig ohne Schwierigkeiten in den bestehenden Transportketten eingesetzt werden.

Technisch betrachtet gab und gibt es eine Reihe von Systemen, von denen einige in diesem Zusammenhang betrachtet werden können.

Flettner-Rotor-Antrieb

Dieses wohl älteste System zur Ausnutzung der Windkraft außer mit konventionellen Segeln ist nach dem Ende des Ersten Weltkrieges durch den Ingenieur Anton Flettner (geb. 1885, gest. 1961) erfunden worden.

Der Flettner-Rotor ist ein aerodynamischer Antrieb in Form eines der Windströmung ausgesetzten, rotierenden Zylinders, der, den Magnuseffekt ausnutzend, wie ein Segel wirkt. Dieser rotierende Zylinder erzeugt, wenn er der Windströmung ausgesetzt wird, aus dem Sog und den Staudruckkräften eine Kraft quer zur Strömung. Durch Änderung der Drehgeschwindigkeit des Rotors lässt sich die Fahrgeschwindigkeit verringern oder erhöhen. Eine Drehrichtungsänderung bewirkt eine Umkehrung der Fahrtrichtung.

Der Flettner-Rotor ist nicht für Kurse zum Winde von mehr als 90° geeignet. Demzufolge muss ein mit Flettner-Rotoren ausgerüstetes Schiff wie ein konventionelles Segelschiff gegen den Wind kreuzen und bleibt ohne Hilfsantrieb in einer Flaute fahruntüchtig liegen. Dafür ist die Segelfläche sehr effizient; ein Quadratmeter Rotorfläche entspricht etwa zehn Quadratmetern Segelfläche.

Der Flettner-Rotor wurde bisher nur bei einigen experimentellen Booten und Schiffen eingesetzt. Diese so genannten Rotorschiffe wurden zuerst während der 1920er-Jahre eingesetzt. Mit dem bei der Germaniawerft in Kiel zum Rotorschiff umgebauten Dreimastschoner BUCKAU sammelte Flettner erste praktische Erfahrungen. Die BUCKAU, die 1924 mit zwei Rotoren zu ihrer Probefahrt auslief, wurde bei Windstille und eingeschränktem Fahrwasser durch einen Hilfsmotor angetrieben.

Yacht ALCYONE (oben), ein Rotorschiff aus den 1980er-Jahren

Katamaran mit Rotorantrieb UNI-KAT (unten) 2006
Abbildungen Blohm + Voss

1926 wurde für die Sloman-Reederei in Hamburg ein 210-BRT-Frachter namens BARBARA in Dienst gestellt. Dieses Fahrzeug war mit drei Flettner-Rotoren ausgerüstet. Maximalgeschwindigkeiten von 9 kn sind erreicht worden. In den Jahren nach 1930 verloren die Flettner-Rotoren den wirtschaftlichen Konkurrenzkampf gegen den rein maschinellen Schiffsantrieb.

In den letzten Jahren sind wiederholt Versuche unternommen worden, den Flettnerantrieb wieder aufleben zu lassen und weiter zu verbessern. So ließ der französische Ozeanograf Jacques-Yves Cousteau Anfang der 1980er-Jahre ein Schiff, die ALCYONE, mit abgewandelten Flettner-Rotoren bauen. Die beiden Rotoren liefern ca. 25–30 % der gesamten Antriebsenergie, die ausschließlich zur Unterstützung des Propellerantriebes verwendet wird.

2006 wurde vom Institut für Physik und Chemie der Universität Flensburg im Rahmen des Projektes PROA der »Uni-Kat Flensburg« erbaut. Es handelt sich um eine Proa, einen Schiffstyp aus der Südsee, der sowohl vorwärts als auch rückwärts segeln kann. Dieses Boot ist mit einem Flettner-Rotor ausgerüstet und wird zurzeit von der Universität erprobt.

Schiffe, die für eine umfangreiche Decksbeladung vorgesehen sind, wie z.B. Containerschiffe mit ihren über den Luken gestauten Containern, werden wohl aus Gründen der durch die Anordnung der Flettner-Rotoren eingeschränkten Möglichkeiten der Be- und Entladung nicht mit diesem Ergänzungsantrieb ausgerüstet werden können. Auch liegen die in der internationalen Containerschifffahrt heute geforderten Schiffsgrößen und Geschwindigkeiten weit über den mit diesem Zusatzantrieb machbaren Lösungen.

Dynaship

Das von dem Schiffbauingenieur Wilhelm Prölss in den 1960er-Jahren entwickelte Segelsystem für Frachtschiffe ist unter dem Namen »Dynaship« oder »Dyna-Rigg« bekannt geworden. Es zeichnet sich dadurch aus, dass moderne Rahsegelflächen an drehbaren Masten eine geschlossene Segelfläche bilden. Die einzelnen Rahsegelflächen werden dabei »aus der Mastmitte« heraus zu den Rahenden herausgefahren oder wieder in den Mast eingerollt. Dabei ist jedes Segel einzeln steuerbar.

Nach dem Tode von Wilhelm Prölss im Jahre 1977 wurde diese Idee von der Firma Dynaship Corporation weiterentwickelt und -verfolgt.

In den Jahren 2005 und 2006 entstand als das erste Schiff mit dieser Segeltechnik die 88-Meter-Yacht MALTESE FALCON im Auftrag eines Multimillionärs. Seit ihrer Jungfernfahrt im Juni 2006 sammelt diese Yacht als Versuchsträger wichtige Daten. Bisher sind keine größeren Probleme mit dem System zu Tage getreten.

In den 1970er-Jahren wurde ein ähnliches Rigg entwickelt (Kapt. Schwarz/Bremer Vulkan), welches im Jahre 2006 noch einmal überplant wurde. Dieses Projekt eines 4-Mast-Segelschiffes läuft unter dem Projektnamen »CAPE HORN«.

Infolge der doch mit einem konventionellen Segelschiff vergleichbaren Takelage eines Dynaships kann diese Lösung für den normalen Frachtverkehr, z. B. mit Containern, nicht angewendet werden. Allerdings

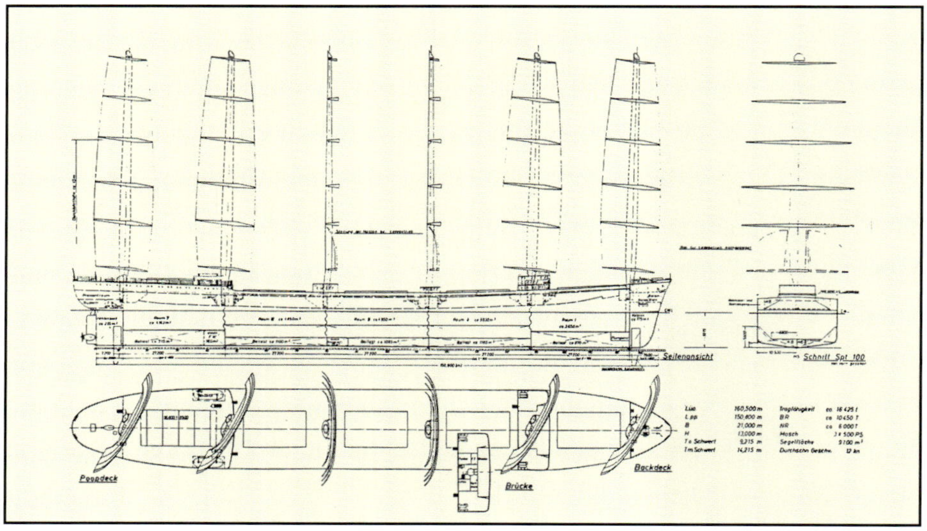

Das »Dyna«-Schiff von Wilhelm Prölss aus dem Jahr 1967
Aus: Jahrbuch der Schiffbautechnischen Gesellschaft, Bd. 61, 1968

Wilhelm Prölss vor dem Modell seines »Dyna«-Schiffes
Blohm + Voss

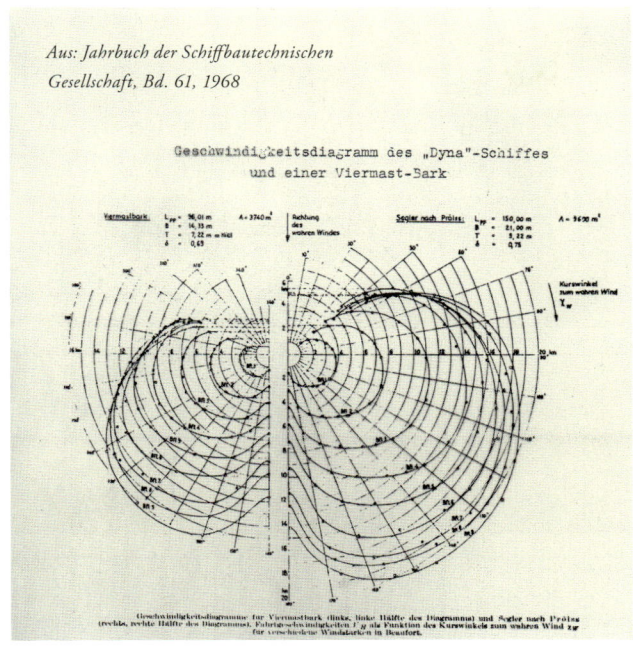

Aus: Jahrbuch der Schiffbautechnischen Gesellschaft, Bd. 61, 1968

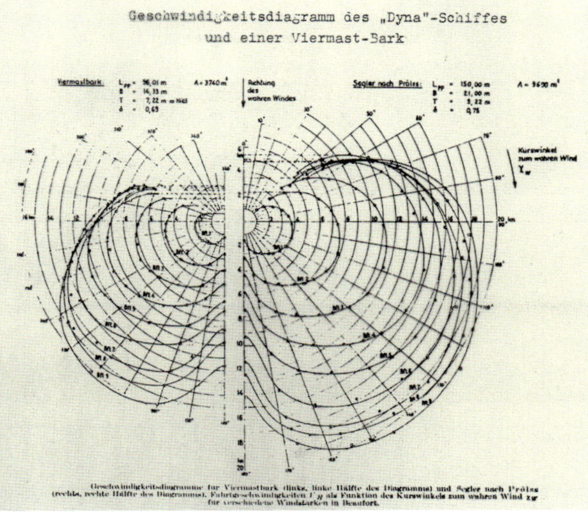
Geschwindigkeitsdiagramm des „Dyna"-Schiffes
und einer Viermast-Bark

sind Anwendungen denkbar im Bereich der Passagierschifffahrt und hier besonders im Kreuzfahrtbereich oder, wie vorgehend beschrieben, im Yachtbereich.

SkySails

SkySails ist ein Windantriebssystem auf der Basis von großen Zugdrachen und wurde von der Firma SkySails GmbH & Co. KG in Hamburg entwickelt und werden auch von ihr angeboten. An Stelle traditioneller Segel mit Mast nutzt SkySails große Zugdrachen zur Erzeugung des Vortriebes. Ihre Form ist vergleichbar mit der eines Gleitschirmes. Die gefesselt fliegenden SkySails können in Höhen zwischen 100 und 300 m operieren, in denen stärkere und stetigere Winde vorherrschen. Im Vergleich zu normalen Segeln erzeugen sie pro Quadratmeter Fläche die zwei- bis dreifache Energie. Die Zugkräfte werden über ein hoch reißfestes Kunststoffseil auf das Schiff übertragen.

Der SkySails-Antrieb wird auf offener See, außerhalb der 3-Meilen-Zone und Verkehrstrennungsgebiete, ergänzend zum vorhandenen Schiffsantrieb eingesetzt. Das System ist für den Betrieb im Windstärkenbereich von 3 bis 8 Beaufort ausgelegt.

Das Doppelhüllenprofil des SkySail-Zugdrachens verleiht ihm aerodynamische Eigenschaften, die mit denen eines Flugzeugflügels vergleichbar sind. Daher können nicht

In der Megayacht MALTESE FALCON, die 2006 in Fahrt kam, wurde 29 Jahre nach dem Tode von Wilhelm Prölss die Idee seines »Dyna«-Schiffes realisiert. *Blohm + Voss*

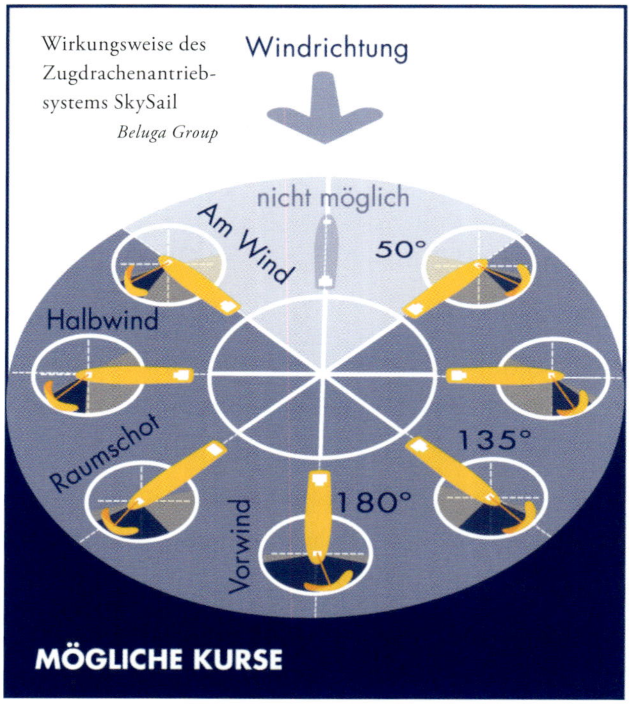

Wirkungsweise des Zugdrachenantriebsystems SkySail
Beluga Group

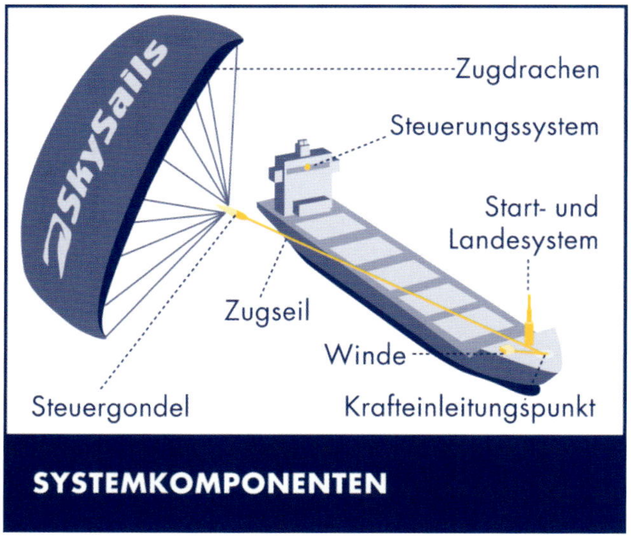

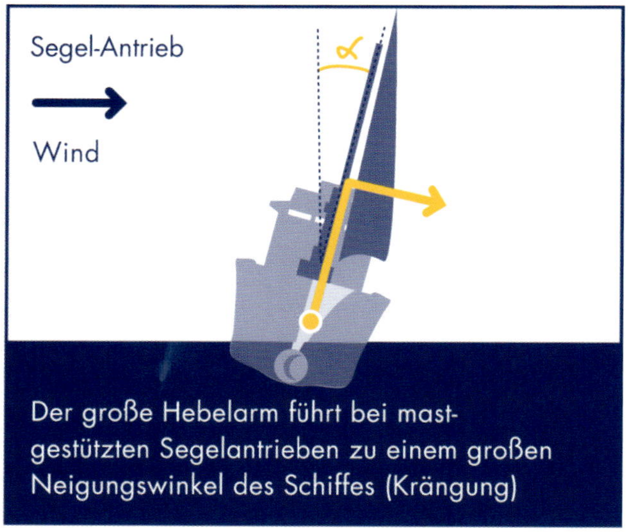

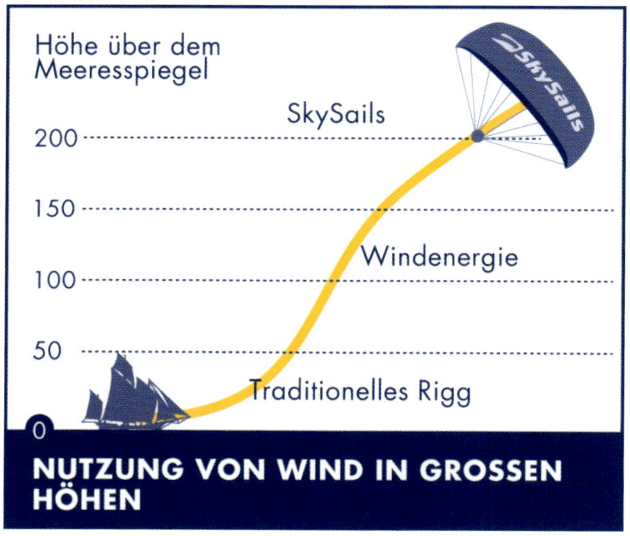

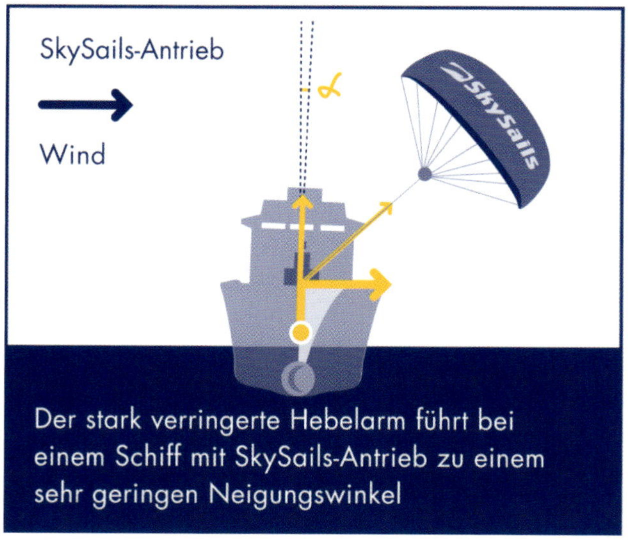

nur Vorwindkurse, sondern auch Kurse bis 50° am Wind gefahren werden.

SkySails-Antrieb
Wind
SkySails
Der stark verringerte Hebelarm führt bei einem Schiff mit SkySails-Antrieb zu einem sehr geringen Neigungswinkel

Durch Einsatz des SkySails-Systems können die Treibstoffkosten eines Schiffes im Jahresdurchschnitt, abhängig von den Windverhältnissen, zwischen 10 und 35 % gesenkt werden.

Zurzeit sind Drachen mit Zugleistungen von 8 bis 32 t im Angebot.

Ein Vorteil der Anwendung dieses Systems bei frachttragenden Schiffen ist, dass es bei Nichtgebrauch, zum Beispiel während Be- oder Entladungsvorgängen im Hafen, nicht die üblichen Hebesysteme wie Containerbrücken oder Kräne behindert. In diesem Falle ist der Zugdrachen auf oder unter Deck weggestaut und der teleskopierbare Haltemast eingefahren.

Das Prinzip von SkySails wurde in den letzten Jahren in Praxisversuchen an Bord der Testschiffe MS Beaufort und Jan Lüken getestet und verfeinert.

Das erste Frachtschiff mit einem Zusatzantrieb in Form des SkySails wurde am 15. Dezember 2007 getauft. Es ist der Mehrzweckschwergutfrachter MS Beluga SkySails der Reederei Beluga Group. Dieses Schiff ist zunächst mit einem 160 qm großen Zugdrachen ausgerüstet. Es werden aufschlussreiche Ergebnisse im Verlaufe der anstehenden Erprobungen unter den realen Bedingungen eines Linienverkehrs erwartet.

Artists Impression von MS Beluga SkySails von 2008

Beluga Group

Abschließend kann gesagt werden, dass windunterstützter Schiffsantrieb keine utopische Idee mehr ist, sondern eine reelle Chance bietet, in der Form eines Zusatzantriebes eine vorhandene primäre Antriebsanlage zu unterstützen und damit die Transportkosten in einem nennenswerten Umfang zu reduzieren. Diese Lösung wird umso vorteilhafter, je höher die Treibstoffkosten werden. Da absehbar eine ausreichende Versorgung mit fossilen Treibstoffen nicht mehr so ohne weiteres gewährleistet werden kann und damit zwangsweise eine Erhöhung der Treibstoffkosten eintreten wird, wird der Einsatz von Antrieben mittels regenerativer Energien immer attraktiver.

Die Reisen der Gorch Fock

Aus-reise	AAR*	Reiseziele	Reisedaten von	Reisedaten bis	Reise-dauer	Gefahrene sm
1	1	Kiel–Santa Cruz de Tenerife–Kiel	03. Aug. 58	23. Sep. 58	51	5.923
2	2	Kiel–Aberdeen–Kiel	26. Okt. 58	07. Dez. 58	42	1.326
3	3	Kiel–Gävle–Wilhelmshaven–Helgoland–Kiel	02. Mai 60	13. Juni 60	42	3.085
4	4	Kiel–Ostende–Lissabon–Cannes–Neapel–Kiel	16. Juli 60	26. Sep. 60	72	6.531
5	5	Kiel–Århus–Oslo–Travemünde–Kiel	06. Nov. 60	15. Dez. 60	39	1.322
6	6	Kiel–St. Malo–Reykjavik–Kiel	02. Mai 61	22. Juni 61	51	4.660
7	7	Kiel–Funchal–London–Kiel	02. Aug. 61	26. Sep. 61	55	4.678
8	8	Kiel–Flensburg–Hamburg–Rotterdam–Kiel	01. Nov. 61	19. Dez. 61	48	2.326
9	9	Kiel–Santa Cruz de Tenerife–New York–Ponta Delgada–Kiel	20. März 62	15. Juni 62	87	11.502
10	10	Kiel–Dartmouth–Rotterdam–Trangisvaag–Göteborg–Kiel	30. Juli 62	26. Sep. 62	58	4.225
11	11	Kiel–Bremen–Flensburg–Kiel–Lübeck–Kiel–Travemünde–Kiel	06. Nov. 62	18. Dez. 62	42	2.116
12	12	Kiel–Las Palmas–St. Thomas–San Juan–Kiel	22. Apr. 63	27. Juni 63	66	10.285
13	13	Kiel–Harstad–Akureyri–Thorshavn–Edinburgh–Kiel	01. Aug. 63	25. Sep. 63	55	5.413
14	14	Kiel–Funchal–Wilhelmshaven–Kiel	08. Nov. 63	21. Dez. 63	43	5.063
15	15	Kiel–Emden–Vigo–Lissabon–Hamilton	04. Mai 64	02. Juli 64	59	6.255
	16	Hamilton–New York–New London–Hafnarfjördhur–Dublin–Bergen–Kiel	08. Juli 64	25. Sep. 64	79	6.450
16	17	Kiel–Leixos–Tanger–Kiel	09. Nov. 64	19. Dez. 64	40	4.898
17	18	Kiel–San Juan–Kiel	20. Apr. 65	16. Juni 65	57	10.000
18	19	Kiel–Thorshavn–Trangisvaag–Galway–La Pallice–Stockholm–Kiel	19. Juli 65	20. Sep. 65	63	5.698
19	20	Kiel–Arrecife–Santa Cruz de la Palma–Kiel	28. Okt. 65	14. Dez. 65	47	5.382
20	21	Kiel–Gibraltar–Tunis–Alicante–St. Malo–Kiel	25. Apr. 66	18. Juni 66	54	6.571
21	22	Kiel–Kopenhagen–Den Helder–Reykjavik–Isafjördhur–Stavanger–Kiel	19. Juli 66	17. Sep. 66	60	5.148
22	23	Kiel–Funchal–Casablanca–Lissabon	02. Nov. 66	13. Dez. 66	41	4.403
	24	Lissabon–Recife–Ponta Delgada–Kiel	14. Jan. 67	18. März 67	63	9.220
23	25	Kiel–Bordeaux–Wilhelmshaven	19. Apr. 67	16. Mai 67	27	2.803
	26	Wilhelmshaven–Trondheim–Kiel	05. Juni 67	22. Juni 67	17	1.934
24	27	Kiel–Visby–Lübeck–Kiel	19. Okt. 67	08. Nov. 67	20	1.473
25	28	Kiel–Sunderland–Kiel	27. Nov. 67	21. Dez. 67	24	1.899

26	29	Kiel–Hamburg–Flensburg–Kiel	19. Feb. 68	22. März 68	32	2.249
	29a	Kiel–Santa Cruz de Tenerife–Horta–Kiel	22. Apr. 68	25. Juni 68	64	6.933
27	30	Kiel–Göteborg–Kristiansand–Stornoway–Cork–Hörnum–Kiel	24. Juli 68	20. Sep. 68	58	4.416
28	31	Kiel–Agadir–Cadiz–Kiel	27. Jan. 69	25. März 69	57	6.400
29	32	Kiel–Bordeaux–Ostende–Kiel	26. Apr. 69	24. Juni 69	59	5.229
30	33	Kiel–Tromsø–Akureyri–Kiel	27. Juli 69	02. Sep. 69	37	4.633
31	34	Kiel–Toulon–Monaco–Falmouth–Kiel	22. Apr. 70	11. Juni 70	50	5.984
32	35	Kiel–Plymouth–Santa Cruz de Tenerife–London–Kiel	18. Juli 70	08. Sep. 70	52	5.841
33	36	Kiel–Vigo–Den Helder–Kiel	19. Okt. 70	26. Nov. 70	38	4.591
34	37	Kiel–Nantes–Tunis–Messina–Lissabon	28. Apr. 71	18. Juni 71	51	5.317
	38	Lissabon–Ponta Delgada–Dublin–Flensburg	08. Juli 71	27. Aug. 71	50	5.235
35	39	Kiel–Funchal–Dakar–Ponta Delgada–(Praia da Vitoria)–Ponta Delgada	10. Mai 72	03. Juli 72	54	6.168
	40	Ponta Delgada–Malaga–Cowes–Skagen–Malmö–Travemünde–Flensburg–Kiel	19. Juli 72	03. Sep. 72	46	3.806
36	41	Kiel–Cadiz–Cork–Kiel	19. Okt. 72	08. Dez. 72	50	5.485
37	42	Kiel–Stockholm–Kopenhagen–Lübeck–Kiel	20. Sep. 73	30. Okt. 73	40	2.808
38	43	Kiel–Casablanca–(Dakar)–Freetown–(Dakar)–Nantes–Kopenhagen–Gdingen–Kiel	29. Apr. 74	26. Juli 74	88	10.277
39	44	Kiel–London–La Coruña–Flensburg–Kiel	17. Okt. 74	29. Nov. 74	43	3.911
40	45	Kiel–Nizza–Cagliari–Sevilla–Emden–Kiel	29. Apr. 75	25. Juni 75	57	6.415
41	46	Kiel–Amsterdam–London–Porto–Kiel	04. Aug. 75	25. Sep. 75	52	4.215
42	47	Kiel–Cork–Portsmouth–Kiel	20. Okt. 75	27. Nov. 75	38	3.354
43	48	Kiel–Santa Cruz de Tenerife–Bermudas–Newport	11. Mai 76	01. Juli 76	51	6.050
	49	Newport–New York–Baltimore–Godthåb–Oslo–Hamburg–Kiel	01. Juli 76	30. Aug. 76	60	6.725
44	50	Kiel–Lissabon–Plymouth–Kiel	20. Okt. 76	30. Nov. 76	41	4.512
45	51	Kiel–Sete–Split–(Bari)–Istanbul	10. Mai 77	07. Juli 77	58	5.798
	52	Istanbul–La Valletta–Malaga–(Portland)–Bremerhaven–Kiel	07. Juli 77	30. Aug. 77	54	5.581
46	53	Kiel–Antwerpen–Funchal–Kiel	20. Okt. 77	30. Nov. 77	41	4.909
47	54	Kiel–Rotterdam–Liverpool–Kiel	09. Mai 78	19. Juni 78	41	2.973
48	55	Kiel–Reykjavik–Göteborg–Oslo–Wilhelmshaven	06. Juli 78	29. Aug. 78	54	4.609
49	56	Kiel–Vigo–Aberdeen–Kiel	19. Okt. 78	29. Nov. 78	41	3.955
50	57	Hamburg–Scheveningen–Portimão–Kiel	12. Mai 79	26. Juni 79	45	4.578
51	58	Kiel–El Ferrol–Brest–Ostende–Kiel	08. Aug. 79	25. Sep. 79	48	4.007
52	59	Kiel–Sevilla–Dartmouth–Kiel	18. Okt. 79	29. Nov. 79	42	4.788

53	60	Kiel–Funchal–Hamilton–Boston–Kiel	15. Apr. 80	30. Juni 80	76	9.833
54	61	Kiel–Karlskrona–Frederikshavn–Amsterdam–Bremerhaven–Kiel	16. Juli 80	14. Aug. 80	29	1.994
55	62	Kiel–Lissabon–Vigo–Kiel	21. Okt. 80	27. Nov. 80	37	4.149
56	63	Flensburg–Malaga–Livorno–Tunis–Gent–Kiel	29. Juni 81	03. Sep. 81	66	6.734
57	64	Kiel–Cadiz–Porto–Kiel	20. Okt. 81	26. Nov. 81	37	4.237
58	65	Kiel–Hamburg–Kopenhagen–Stockholm–Kiel	11. Mai 82	10. Juni 82	30	2.416
59	66	Kiel–Falmouth–Lissabon–Thorshavn–Kiel	14. Juli 82	01. Sep. 82	49	4.934
60	67	Kiel–Casablanca–St. Malo–Kiel	19. Okt. 82	30. Nov. 82	42	4.993
61	68	Flensburg–Bordeaux–Dun Laoghaire–Kiel	17. Mai 83	29. Juni 83	43	4.094
62	69	Kiel–Las Palmas–San Juan–Norfolk	20. Juli 83	17. Sep. 83	59	7.038
	70	Norfolk–Philadelphia–Portsmouth/USA–Ponta Delgada–Hamburg–Kiel	03. Okt. 83	24. Nov. 83	52	6.724
63	71	Kiel–Santa Cruz de Tenerife–St. John–(Roosevelt Roads)–Boston–Quebec	10. Apr. 84	18. Juni 84	69	8.254
	72	Quebec–Sydney–Liverpool–Kiel	30. Juni 84	14. Aug. 84	45	5.182
64	73	Kiel–Portimão–Nantes–Kiel	19. Okt. 84	29. Nov. 84	41	4.559
65	74	Kiel–Amsterdam–Edinburgh–Wyk auf Föhr–Glücksburg–Kiel	29. Juli 85	12. Sep. 85	45	3.581
66	75	Kiel–Lissabon–Sevilla–Kiel	18. Okt. 85	29. Nov. 85	42	4.822
67	76	Kiel–Rouen–Helsinki–Kiel	15. Mai 86	25. Juni 86	41	3.923
68	77	Wilhelmshaven–Bremerhaven–Larvik–Göteborg–(Trangisvaag)–Reykjavik–Kiel	21. Juli 86	11. Sep. 86	52	4.313
69	78	Kiel–Tanger–Lorient–Kiel	17. Okt. 86	27. Nov. 86	41	4.618
70	79	Kiel–La Coruña–Cherbourg–Borkum–Kiel	18. Mai 87	24. Juni 87	37	3.620
71	80	Kiel–Las Palmas–Fort de France–Panama City–Acapulco	23. Juli 87	03. Okt. 87	72	8.278
	81	Acapulco–San Diego–Pearl Harbor	04. Okt. 87	23. Nov. 87	50	4.436
	82	Pearl Harbor–Apia–Wellington–Sydney–Melbourne	23. Nov. 87	02. Feb. 88	71	6.479
	83	Melbourne–Fremantle–Colombo–Muskat–Djibouti–Haifa–Palma de Mallorca–Porto–Kiel	03. Feb. 88	27. Juni 88	145	14.373
72	84	Kiel–Portsmouth/UK–Lissabon–Kiel	18. Okt. 88	29. Nov. 88	42	4.448
73	85	Kiel–Santander–Rouen–Hamburg–Kiel	15. Juni 89	28. Juli 89	43	3.856
74	86	Kiel–Malaga–La Valletta–Toulon	14. Sep. 89	26. Okt. 89	42	4.251
	87	Toulon–Piräus–Cartagena–Kiel	26. Okt. 89	21. Dez. 89	56	5.251
75	88	Kiel–St. Malo–Helgoland–Kiel	08. Mai 90	01. Juni 90	24	2.611
76	89	Kiel–Cherbourg–Funchal–Palma de Mallorca	17. Sep. 90	25. Okt. 90	38	4.012
	90	Palma de Mallorca–Livorno–Cadiz–Warnemünde–Kiel	26. Okt. 90	18. Dez. 90	53	4.219
77	91	Kiel–Plymouth–Agadir–Lissabon	16. Sep. 91	26. Okt. 91	40	3.877

	92	Lissabon–Santa Cruz de Tenerife–Vigo–Kiel	26. Okt. 91	15. Dez. 91	50	3.550
78	93	Kiel–Lissabon–Cadiz–Santa Cruz de Tenerife–Roosevelt Roads–San Juan–Philadelphia–New York–Boston–Hamilton–Fort de France–Baltimore	15. Apr. 92	30. Aug. 92	137	12.954
	94	Baltimore–Ponta Delgada–Funchal–Malaga	30. Aug. 92	31. Okt. 92	62	5.048
	95	Malaga–Las Palmas–Porto–(Frederikshavn)–Kiel	01. Nov. 92	18. Dez. 92	47	3.895
79	96	Kiel–Tallinn–Visby–Gdingen–Kiel	26. Apr. 93	11. Juni 93	46	3.395
80	97	Kiel–Lissabon–Barcelona–Toulon	16. Sep. 93	25. Okt. 93	39	4.002
	98	Toulon–Casablanca–Vigo–Kiel	26. Okt. 93	17. Dez. 93	52	4.062
81	99	Kiel–Trondheim–Kiel	25. Apr. 94	19. Mai 94	24	2.842
82	100	Kiel–Funchal–Dakar–Arrecife	15. Sep. 94	26. Okt. 94	41	4.945
	101	Arrecife–Malaga–Portimão–Kiel	27. Okt. 94	16. Dez. 94	50	3.566
83	102	Kiel–Sevilla–La Valletta–Palma de Mallorca	14. Sep. 95	25. Okt. 95	41	4.989
	103	Palma de Mallorca–Tunis–Tanger–Kiel	26. Okt. 95	19. Dez. 95	54	4.324
84	105	Kiel–Lissabon–Palermo–Haifa–Djibouti–Cochin–Port Kelang–Jakarta–Manila–Bangkok	18. Apr. 96	05. Sep. 96	140	15.940
	106	Bangkok–Singapur–Mahé–Port Louis	06. Sep. 96	30. Okt. 96	54	5.699
	107	Port Louis–Port Elizabeth–Kapstadt–Recife	31. Okt. 96	06. Jan. 97	67	6.066
	108	Recife–Bridgetown–Hamilton–Ponta Delgada–Kiel	07. Jan. 97	26. März 97	78	8.179
85	111	Kiel–London–Agadir–Malaga	16. Sep. 97	26. Okt. 97	40	3.627
	112	Malaga–Civitavécchia–Cadiz–Kiel	27. Okt. 97	18. Dez. 97	52	4.691
86	113	Kiel–Kopenhagen–Stockholm–Helsinki–Tallinn–Oslo–Kiel	05. Mai 98	24. Juni 98	50	3.295
87	115	Kiel–Den Helder–Bordeaux–Cartagena–Antalya	15. Sep. 98	23. Okt. 98	38	4.622
	116	Antalya–Piräus–Alicante–Kiel	24. Okt. 98	18. Dez. 98	55	4.564
88	118	Kiel–(Brunsbüttel–Cuxhaven)–Lissabon–Tuzla–Constanta–Poti–Istanbul–Venedig	28. Aug. 99	28. Okt. 99	61	5.042
	119	Venedig–Nizza–Vigo–Kiel	29. Okt. 99	21. Dez. 99	53	4.319
89	120	Kiel–Cadiz–Hamilton–Charleston–Norfolk–Baltimore–New York–Cork–Wilhelmshaven	18. Apr. 00	08. Aug. 00	112	11.683
90	127	Kiel–Dublin–Malaga–Las Palmas	17. Sep. 01	25. Okt. 01	38	3.743
	128	Las Palmas–Praia–Funchal–Kiel	26. Okt. 01	18. Dez. 01	53	4.679
91	129	Kiel–Bergen–Reykjavik–Thorshavn–Aberdeen–Kiel	17. Apr. 02	06. Juni 02	50	4.286
92	130	Kiel–Lissabon–Algier–Barcelona	16. Sep. 02	26. Okt. 02	40	3.609
	131	Barcelona–Tunis–Casablanca–Kiel	27. Okt. 02	20. Dez. 02	54	4.465
93	132	Kiel–Stavanger–Stockholm–Helsinki–Kiel	23. Apr. 03	06. Juni 03	44	3.492
94	133	Kiel–Dartmouth–Santa Cruz de Tenerife	25. Aug. 03	23. Sep. 03	29	2.741
	134	Santa Cruz de Tenerife–Funchal–Alicante	24. Sep. 03	05. Nov. 03	42	2.200

	136	Alicante–Porto–Kiel	06. Nov. 03	18. Dez. 03	42	3.106
95	137	Kiel–Southampton–Santander–Brügge–Kiel	14. Apr. 04	28. Mai 04	44	4.019
96	138	Kiel–Portimão–Palma de Mallorca	27. Aug. 04	27. Sep. 04	31	2.978
	139	Palma de Mallorca–Tanger–Arrecife	28. Sep. 04	09. Nov. 04	42	2.527
	140	Arrecife–La Coruña–Kiel	10. Nov. 04	21. Dez. 04	41	3.556
97	142	Kiel–Lissabon–Palermo–Haifa–Valletta–Cadiz–Kiel	14. März 05	05. Juli 05	113	10.378
98	143	Kiel–Lissabon–Valencia–Agadir–Las Palmas–Vigo–Kiel	25. Aug. 05	21. Dez. 05	118	8.511
99	146	Kiel–Gijon–Malaga–Toulon–Ibiza–Alicante–Porto–Kiel	31. Aug. 06	21. Dez. 06	112	10.080
100	147	Kiel–Porto–Teneriffa–Martinique–Norfolk–Newport–Halifax–St. Johns–Quebec–Boston–New York–Ponta Delgada–Portimão–Kiel	26. März 07	20. Dez. 07	269	28.731
					Ges.	706.851

AAR* Auslandsausbildungsreise

Kommandanten der GORCH FOCK

Kapitän zur See Wolfgang Erhardt,
Dezember 1958 bis Juni 1962

Kapitän zur See Hans Engel,
Juli 1962 bis September 1965

Kapitän zur See Peter Lohmeyer,
Oktober 1965 bis Dezember 1968

Kapitän zur See Ernst von Witzendorf,
Januar 1969 bis September 1972

Kapitän zur See Hans Freihr. von Stackelberg,
Oktober 1972 bis März 1978

Kapitän zur See Horst-Helmut Wind,
April 1978 bis März 1982

Kapitän zur See Nickels Peter Hinrichsen,
April 1982 bis März 1986

Kapitän zur See Immo v. Schnurbein,
April 1986 bis Dezember 1992

Kapitän zur See Thomas-Georg Hering,
Januar 1993 bis September 1997

Kapitän zur See John Schamong,
Oktober 1997 bis August 2001

Kapitän zur See Michael Brühn,
August 2001 bis Februar 2006

Fregattenkapitän Norbert K. Schatz,
seit Februar 2006

Alle Abbildungen PIZ Marine

Die Autoren in der Reihenfolge ihrer Beiträge

Vizeadmiral Wolfgang E. Nolting, *Inspekteur der Marine*

Kapitän z.S. d.R. Prof. Dr. Uwe Jenisch

Fregattenkapitän a.D. Dr. Heinrich Walle

Flottillenadmiral Diplom-Kaufmann Jürgen Mannhardt, *Kommandeur der Marineschule Mürwik*

Kapitän z.S. Diplom-Ingenieur Norbert Schatz, *Kommandant der GORCH FOCK*

Kapitän z.S. a.D. Immo von Schnurbein

Kapitän z.S. a.D. Diplom-Ingenieur Erhard Rosenkranz

Diplom-Ingenieur Wolfgang Bohlayer, *Senior Manager Technical Proposal Management*
ThyssenKrupp Marine Systems Blohm + Voss